Ursula Steinke

Lesebuch Heileurythmie

Ursula Steinke

Lesebuch Heileurythmie

Aufzeichnungen aus langjähriger Praxis für Patienten, Ärzte und Therapeuten

Verlag Ch. Möllmann

Die Deutsche Bibliothek - CIP-Einheitsaufnahme

Steinke, Ursula:
Lesebuch Heileurythmie : Aufzeichnungen aus langjähriger Praxis
für Patienten, Ärzte und Therapeuten / Ursula Steinke.
- 1. Aufl. - Paderborn : Möllmann, 1998
ISBN 3-931156-22-2

Umschlagfotos von Anke Sülzer

Erste Auflage 1998

Pipinstr. 18, 33098 Paderborn
Textverarbeitung: Publizistische Dienstleistungen
Tel.: 0 52 51 / 2 72 80
Fax: 0 52 51 / 2 72 56
Druck: M. Ulama, Paderborn

ISBN 3-931156-22-2

Inhalt

Worte im Winter

Schneeblind gebückt über Papierweiß.

Langsam bewegen sich
Buchstaben über
ein Schneefeld.

Das Alphabet friert.

Immer mehr Vokale
wärmen sich an Worten.
Geduldig spricht man sie
in die Kälte.

Karl Krolow

Zur Einführung

Die Heileurythmie hat ihren Ausgangspunkt und ihren Namen von einem Kurs, den Dr. Rudolf Steiner, der Begründer der Anthroposophie, im April 1921 in Dornach, Schweiz, parallel zu einer medizinischen Vortragsreihe, hielt. In konsequenter Weiterentwicklung seines philosophisch fundierten Erkenntnisansatzes – „seelische Beobachtungsresultate nach naturwissenschaftlicher Methode“ – konnte Steiner am Anfang des 20. Jahrhunderts eine exakte Methode seelisch-geistiger und spiritueller Welterfahrung entwickeln und als Anthroposophie, als Weg vom Geistigen im Menschen zum Geistigen in der Welt, darstellen. In den Folgejahren floß daraus eine Fülle impulsierender Anregungen zur Erneuerung und menschengemäßen Ausgestaltung einzelner Lebensgebiete, unter anderem die Entwicklung einer Bewegungskunst, der Eurythmie.

Obwohl schon in den Anfangsjahren der Eurythmie vereinzelt therapeutisch-eurythmische Übungen von Steiner zu erhalten waren, ging die Anregung zum „Heileurythmie-Kurs“ von zwei Eurythmistinnen – Elisabeth Baumann-Dollfuß und Erna van Deventer – aus. Sie baten Steiner, spezieller auf die heilenden Kräfte der Eurythmie einzugehen.

Entsprechend der geschichtlichen Entwicklung von der Eurythmie zur Heileurythmie gibt es auch einen inhaltlichen Zusammenhang. So nennt Steiner als Voraussetzung für die heileurythmische Tätigkeit, daß die ganze Kunsteurythmie in ihrem Unterbau gekannt und gekonnt werden müsse. In der Kunsteurythmie wird eine Bewegungskunst gepflegt, die den menschlichen Körper zu ihrem Instrument hat. Als wesentliche Steigerung der menschlichen Gebärde bringt Eurythmie als sichtbare Sprache und als sichtbarer Gesang den ganzen Umfang musikalischer und sprachlicher Kunst zur Darstellung. In der Heileurythmie werden durch Intensivierung, Betonung und Wiederholung Elemente der Eurythmie therapeutisch nutzbar gemacht. Sie wirken im Orchester der Lebensprozesse den Vereinseitigungen, die den Krankheitsprozeß charakterisieren, ausgleichend entgegen.

Ein Verständnis der leibgerichteten Wirkungen der Heileurythmie, eine „Physiologie des Eurythmischen“, wie Steiner es nannte, kann aus den Anregungen der Anthroposophie zum Leib-Seele-Zusammenhangs des Menschen entwickelt werden. Steiner schildert seine Grundgedanken zum Zusammenwirken von Leib und Seele des Menschen schriftlich erstmals in seinem 1917 erschienenen Buch „Von Seelenrätseln“. Hier finden sich entscheidende Ansätze, den ganzen Leib des Menschen als Grundlage seelischer Vorgänge zu verstehen und auf dieser Basis eine wahrhafte Psychosomatik zu entwickeln. Die leibliche Entsprechung für die Seelenprozesse des Wahrnehmens und des vorstellenden Denkens bildet das Nerven-Sinnes-System mit seiner prägnantesten Ausprägung im Kopfgebiet. Dem Nerven-Sinnes-System steht das Stoffwechsel-System, Substanz auf- und abbauend, mit seinem „Schwerpunkt“ in den Verdauungsorganen der Bauchhöhle und das Gliedmaßensystem polar gegenüber. Das Stoffwechsel- und Gliedmaßensystem bildet die Grundlage für seelische Willensprozesse und die menschliche Bewegung. Vermittelnd zwischen diesen beiden leiblich-seelischen Polaritäten stehen rhythmische Organprozesse, die in ihrer Dynamik und Vielgliedrigkeit die leibliche Grundlage für die seelischen Vorgänge des Fühlens bieten. Auf der leiblichen Seite tragen diese Vorgänge ihren Schwerpunkt in den zentralen Rhythmen von Atmung und Herzschlag, die in ihrer Schwingung zwischen Ein- und Ausatmung, Systole und Diastole, Ballen und Spreizen, die Grundgeste der Affekte von Hinneigung und Abwendung, von Sympathie und Antipathie in ein leibliches Bild setzen.

Wie steht nun der seelisch als Eigenwesen sich von der Welt abgrenzen könnende Mensch mit eben dieser Welt in Verbindung? Gibt es eine Brücke zwischen dem als subjektiv sich erlebenden Seelischen des Menschen und der Welt? „Nach zwei Seiten hin fällt aus dem menschlichen Organismus heraus das, was ich die *Sinneszone* und das *Bewegungsleben* nennen möchte. [...] Diese zwei Pole des menschlichen Wesens werden sehr wenig durchschaut – weder von den psychologischen noch von physiologischen oder ähnlichen Forschern –, weil sowohl in der Sinneszone, im Gebiet des Sinneslebens, wie in Gebieten des Bewegungslebens der Mensch nicht mehr völlig sich selber, sondern bereits der Außenwelt angehört, – sich mit seiner Seele in die Außenwelt hineinlebt: Indem der Mensch Bewegungen ausführt, liegt in der Bewegung ein Gleichgewichts- oder ein dynamischer Zustand, durch den der Mensch eingegliedert ist in das Gebiet oder in das Bewegungsspiel der Kräfte der Außenwelt; und indem der Mensch seelisch aus dem bloßen Nervenleben in das Leben der Sinneszone hinein übergreift, d. h. indem die Seele in die eigentlichen Sinnesorgane hinein sich erlebt, geschieht es, daß wirklich der Mensch sein eigenes Gebiet überschreitet“ (Rudolf Steiner, Vortrag am 12. November 1917).

Die Außenwelt ist nun nicht rein materiell und wesenlos zu denken, sondern entspricht als materielle, lebendige, seelische und geistige Welt viel eher dem Kosmos der Alten. Vorstellend entwirft der Mensch ein Spiegelbild der Welt als Schein, in seinen Bewegungen gliedert er sich der realen Welt ein.

In Vorträgen zu einer allgemeinen Menschenkunde als Grundlage der Pädagogik schildert Steiner: „Nun werden Sie [...] erkennen, [...] daß die Gliedmaßen eben mehr der Welt zugeneigt sind, der Kopf mehr dem einzelnen Menschen zugeneigt ist. Wozu werden dann also die Gliedmaßen besonders neigen? Sie werden zur Welt neigen, in der der Mensch sich bewegt und selbst seine Stellung immerfort verändert. Sie werden zur Bewegung der Welt Beziehung haben. Fassen sie das gut auf: Die Gliedmaßen haben Beziehung zur Bewegung der Welt. [...] Es geht geradezu unsere Absicht als Mensch daraufhin, die Bewegung der Welt durch unsere Gliedmaßen nachzuahmen, aufzunehmen“. Später in diesem Kurs für Lehrer formuliert Steiner: „Wenn der Mensch, sagen wir, körperlich arbeitet, so bewegt er seine Glieder, d. h. er schwimmt ganz und gar im Geiste herum [...]; das ist der Geist, der draußen ist. Ob sie Holz hacken, ob sie gehen, wenn sie nur ihre Glieder bewegen, indem sie ihre Glieder zur Arbeit bewegen, zur nützlichen oder unnützlichen Arbeit bewegen, plätschern sie fortwährend im Geiste herum, haben es fortwährend mit dem Geiste zu tun". „Und wir können die äußere Bewegung des Kindes hinführen zu sinnvollen Bewegungen, zu sinndurchdrungenen Bewegungen, so daß es mit seinen Bewegungen nicht plätschert im Geiste, sondern dem Geist in seinen Richtungen folgt. Dann entwickeln wir die Leibesbewegungen hinüber nach der Eurythmie" (Vorträge am 1. und 4. September 1919).

Die angeführten Gedanken mögen auf den ersten Blick paradox klingen. Sie tun es nur unter der Voraussetzung, die menschliche Seele und das menschliche Wesen ganz in die Leibeshülle eingeschlossen zu denken und sie von da aus, wie durch Fernsehkanäle, Sinneserfahrungen einsaugend und, gesteuert wie ein Roboter, Bewegungen in der Welt ausführend, vorzustellen. Denkt man das seelische und geistige Wesen des Menschen jedoch auch der Welt zugehörig, mit der Welt wesenhaft verbunden, und nur den Teil des bewußten Selbsterlebens – gespiegelt am Leib – wie eine Insel daraus hervorragend, so kann man ein anfängliches Verständnis dafür entwickeln, daß Gliedmaßenbewegungen ein „Schwimmen" im Geiste, in der Wesensseite der Welt sind.

Was läßt sich von daher für eine „Physiologie des Eurythmischen" gewinnen? Im Heileurythmie-Kurs schildert Steiner, wie im Schlaf, in der Abwesenheit von Bewußtseinsprozessen, die organisch aufbauende, regenerierende und vitalisierende Leibestätigkeit überwiegt, während das bewußte, tageswache Erleben auf Abbauprozessen beruht. In der eurythmischen Bewegung werden die sonst unsichtbaren Lebensprozesse des Menschen urbildhaft vom physischen Leib ausgeführt. Dadurch tritt ins Bewußtsein was sonst unbewußt geschieht. Dies erzeugt eine Stärkung der aufbauenden Kräfte von Seele und Geist des Menschen, vergleichbar der frühkindlichen Entwicklungssituation, in der bei noch geringen Wachheits- und Bewußtseinsgraden das Wesen des Menschen vorwiegend organaufbauend und organgestaltend, gewissermaßen leiblich

„plastizierend", tätig ist. Auf diesem Wege kann durch die Eurythmie und in ihrer Steigerung durch die Heileurythmie eine Hinwendung an die verjüngenden Kräfte, ein Wiederaufruf der organplastizierenden Kräfte erzeugt werden. Steiner formuliert: „Die Ausübung der Eurythmie regt für den Menschen zunächst die Plastik der Organe, die plastische Kraft der Organe an, so daß der Mensch in seinem Inneren ein besserer Atmer wird, [...] er wird ein Mensch, der mehr seinen ganzen Organismus in seine Willkür hineinbekommt. Er wird ein innerlich geschickterer Mensch" (Vortrag am 17. April 1921).

Durch das Eurythmisieren der Vokale werden die Lebensprozesse des rhythmischen Systems angesprochen. Insbesondere die innere Atmungs- und Stoffwechseltätigkeit der rhythmische Organe wird angeregt. Mit dem konsonantischen Eurythmisieren werden vorwiegend Prozesse erreicht, die beim Bewegen des Menschen in die Weltumgebung hinein, beim Aufgehen im Naturhaften, auftreten. Durch das eurythmisch gezielte Nachbilden dieser Lebensvorgänge werden plastisch-organisierende Prozesse für die Nerven-Sinnes-Organisation therapeutisch gestaltbar. Auch hier ist die Entsprechung zu frükindlichen Entwicklungsstadien gegeben, wo Bewegungs- und Wahrnehmungsprozesse ausgestaltend auf die Leiblichkeit – insbesondere auf die Nervenorganisation – des wachsenden Menschen wirken. Letzteres sind heute der Naturwissenschaft zugängliche Tatsachen.

So kann anfänglich verstanden werden, wie Heileurythmie als leiblich gesundende Bewegungstherapie zum ‚Medikament', werden kann, das der Patient sich selbst erbildet. Die Eurythmie bietet in ihren theoretischen Grundlagen ein wahrhaftes Verständnis psychosomatischer Zusammenhänge und in ihrer Praxis ein weites Feld therapeutischer Hilfestellungen. Die Heileurythmie steht erst am Anfang ihrer Entwicklung. Vermutlich ist das meiste für die Heileurythmie auch heute, mehr als 76 Jahre nach dem Heileurythmie-Kurs, noch zu entwickeln und zu erforschen.

Das vorliegende Buch ist sicher kein systematisches Lehrbuch der Heileurythmie. Es sammelt an konkreten Lebensbegegnungen entwickelte Ausführungen und Skizzen zu einzelnen Aspekten der Heileurythmie und der ihr zugrundeliegenden Menschenkunde. Manches hat vorläufigen Charakter. Der für die jeweilige Betrachtung ausschlaggebende und ‚bewegende' innere Anlaß ist in allen Aufsätzen spürbar. Von diesem lebendigen Entstehungsquell wird man auch im Nachlesen noch ergriffen. Möge das Buch der weiteren Entwicklung der therapeutischen Kunst und der künstlerischen Therapie im lebendigen Dialog zwischen Patienten, Therapeuten und Ärzten dienen.

Dr. Friedrich Edelhäuser

Bad Bergzabern, im Dezember 1997

Heileurythmie

In der Heileurythmie haben wir es mit einer Bewegung zu tun, die mit der gesamten Gestalt des Leibes, vornehmlich mit Armen und Beinen das gestaltet, was der Kehlkopf zusammen mit Lippen-Zähnen-Gaumen etc., mit dem auszuatmenden Luftstrom beim Sprechen tut. Die Sprachbewegung wird mit Armen und Händen, zum Teil Beinen und Füßen, oft mit dem ganzen Rumpf ausgeführt. Es werden die den einzelnen Lauten zugrundeliegenden Bewegungsgebärden in der Eurythmie auf die gesamte Bewegungsgestalt des Menschen übertragen. Diese elementaren Lautgebärden der Sprache wurzeln in jedem Menschen.

Sprechen wir zum Beispiel ein „A“, so öffnen sich die Stimmbänder, der Rachen und der Mund; im Kehlkopf bildet sich der Sammelpunkt für diese Öffnung. In der Eurythmie bildet man mit den Armen einen Winkel, der die Gebärde des Staunens, Fragens, sich Öffnens ausdrückt.

Bildet man ein „R“ in der Sprache wie auch in der eurythmischen Gebärde, so hat man erlebnismäßig, wie auch physiologisch ein Nachgestalten der Luftqualitäten im eigenen Körper, und in der ihn umgebenden Umwelt.

Dieses sind urbildhafte Qualitäten, die schon den embryonalen Entwicklungsgebärden eines jeden Menschen zugrunde liegen. Werden diese Bewegungen unter therapeutischer Anleitung erweckt und im kranken Körper zur Gestaltung gebracht, erlebt der Patient nicht nur eine Harmonisierung der Lebensvorgänge – er steigt vielmehr mit seinem bewußten Willen aktiv in den Genesungsvorgang mit ein und wird somit Mitgestalter seiner jeweiligen Genesungssituation.

Ein verständliches Wort besteht aus einer Reihenfolge von Vokalen und Konsonanten, eine verständliche Heileurythmiebehandlung ebenso.

Einige Stichworte zur anthroposophischen Medizin

Meine Ausführungen zur Heileurythmie möchte ich mit grundsätzlichen Gedanken zu der durch die anthroposophische Menschenkunde erweiterten Medizin beginnen.
Diese versteht sich als eine synthetische Heilmethode.
Ihr großes Anliegen ist, ein aktives Gleichgewicht innerhalb berechtigter Polaritäten des Organismus zu schaffen.
Aus diesem Grunde sieht diese Medizin, die den Menschen nach seiner ganzheitlichen Konstitution von Körper, Seele und Geist erfaßt, ihr Hauptanliegen in dem Zusammenwirken von vier Säulen.

1. Zuerst haben wir den **Patient** selber. Er bemerkt an sich ein Ungleichgewicht, was sich entweder langsam oder – wie im Falle eines Unfalls – plötzlich einstellt. In jedem Fall hat er mit einer Lebenswende, mit einem Einschnitt oder mit Besinnung auf seine eigene Biographie zu tun. Wir sehen ihn als mündige Person, die mit einer Frage, Not oder Schicksalseinbruch zu uns kommt.
2. Dann haben wir den **Arzt**. Er hat das Medikament, die Substanz zu seinem Handwerkszeug. Mit der „präparierten" gewandelten Substanz, in der nach unserer Meinung viel des geistigen Ursprungs alles Materiewerdens enthalten ist, greift der Arzt tief in die o. g. Lebenswende ein. Der durch „Weisheit vom Menschen" gebildete Arzt ist der Meinung, daß jede Krankheit einen Sinn haben müßte für die entsprechende Individualität, die sie durchzumachen hat. Einen Sinn, in dem die Individualität eine persönliche Aufgabe zu bewältigen hat, mit deren Hilfe sie sich selber um ein Stück überhöhen kann.
3. Als dritte Säule haben wir die **Pflege**. Diese übernimmt das Bereiten der Voraussetzungen für das Eingreifen des medikamentösen wie auch das Gestalten der kunsttherapeutischen Prozesse. Sie ordnet die ins Ungleichgewicht geratenen Lebens-

prozesse wieder neu, wie z. B. Schlaf, Verdauung, Atmung, Nahrungsaufnahme etc.

4. Zum Schluß haben wir dann die **Kunsttherapie**. Hier wird die Motivation beim Patienten angeregt, einmal sich mit der Krankheit überhaupt auseinanderzusetzen – sie als Lebenswende zu akzeptieren – und dabei die eigenen, ganz individuellen Möglichkeiten freizulegen, eine sinnvolle Zukunft in der Biographie neu zu gestalten.

Der Patient, der den Arzt um Hilfe aufsucht, bringt sein Leiden und seine Beschwerden mit, hat aber konkret die Frage nach der Zukunft, nach dem, wie geht es wohl weiter (ganz besonders bei chronischen Erkrankungen). Hier setzt für uns die „nonverbale" Therapie, die Kunsttherapie und die Heileurythmie ein. Wir arbeiten hier mit den Mitteln, die den Geist der Individualität ausmachen. Es ist <u>Plastik</u> mit ihrer Dimensionalität, <u>Farbe</u> und Kompositionsfähigkeit, <u>Musik</u>, die sich aus Verhältniswerten bestimmt, <u>Sprache</u>, die in Sprachtherapie weit über die soziale Kommunikationsfähigkeit hinausgeht, und schließlich <u>Bewegung</u> in der Heileurythmie, die die Urbewegungen des Menschen, nämlich Gehen, Sprechen, Denken wieder neu aufgreift und somit ein Zukunftstor eröffnet. Alle Kunsttherapien und die Heileurythmie werden bei uns nicht im analytischen Sinne verwendet, sondern das Dialogprinzip und die Eigenkreativität werden gepflegt.

Nun sind wir beim Thema: <u>Kunsttherapie</u>. Die Heileurythmie ist eine Bewegungstherapie, die aus der Kunsteurythmie hervorgegangen ist. Diese nimmt ihren Bewegungsansatz aus der Sprachgebärde und der Musikgebärde. Da ich persönlich in den letzten Jahren mehr mit der Sprachheileurythmie gearbeitet habe, möchte ich jetzt speziell auf diese eingehen. Dazu bitte ich jetzt, sich einmal zu vergegenwärtigen, wie die Sprache zustande kommt. Spricht man ein „A" und schaut man sich an, wie die Mundstellung dabei ist, so braucht man einen geöffneten Mund. Spricht man ein „F", so merkt man, daß die Lippen schmal zusammengefaßt werden um diesen Blaselaut herauszulassen.

Mit Hilfe ihrer sehr kleinen und differenzierten Muskulatur von Lippen, Gaumen, Rachen, Zunge und vor allem mit Hilfe des

Kehlkopfes gestaltet man den auszuatmenden Luftstrom in verschiedene Formen. Diese Formen gestalten wir in der Eurythmie mit Armen, z. T. Beinen, mit dem ganzen Rumpf. Es entsteht eine Gebärdensprache, die ebenso wie die gesprochene Sprache geistig-seelische Impulse der jeweiligen Individualität zum Ausdruck bringt. Schauen wir uns diese Formen einmal an:
Das A sieht mit den Armen ausgeführt so aus:

Das F sieht mit den Armen ausgeführt so aus:

Das L

Das M

Das O

Es ist zu bemerken, daß diese Bewegungen sanft-intensiv und recht eindringlich sind. Aus der gezielten Anwendung einzelner Laute auf spezielle Krankheitssymptome ist dann die Heileurythmie entstanden. Als Therapeut arbeitet man nun eng mit den Anweisungen des Arztes und den Beobachtungen der Pflegenden zusammen.
Für die sprachliche Heileurythmie haben wir dabei grundlegende Ansätze aus Sprache und Krankheitsgeschehen.
In der Sprache haben wir die große Polarität von Vokal und Konsonant. Ich sage Ihnen einmal die Einseitigkeit vor:

üe-ae-ie-
i-ui-ae-ie-üe-u-
au-eie-au

Jetzt die Konsonanten:

br-lln-gpfln-st-r
n-lln-wpfln-sprst-d
km-nn-hch

Jetzt schreibe ich diese auseinandergelegten Buchstaben zusammen:

Über allen Gipfeln ist Ruh
in allen Wipfeln spürest Du
kaum einen Hauch.

Man sieht – das aktive Gleichgewicht – was ich am Anfang erwähnte, ist hier einfach hörbar – völlig verständlich.
Wir haben in den Vokalen eben die substanzbildenden Kräfte (albuminisierend) und in den Konsonanten die Kräfte, die diese Substanz in Gestalt und Form bringen (antimonisierend).
Nun möchte ich zwei Behandlungsabläufe demonstrieren, die ihrem Krankheitswesen nach sehr ähnlich sind – in der Symptomatik aber äußerst unterschiedlich auftreten.
Da ist einmal die Multiple Sklerose, zum anderen das Asthma bronchiale. Beiden Krankheiten gemeinsam ist, daß sie es nicht mehr schaffen, ein Gleichgewicht von inneren Intentionen und äußeren Anforderungen herzustellen. Beiden Krankheiten gemeinsam ist, daß sie äußere Anforderungen überdimensional ernst und für sich verpflichtend einschätzen und somit nicht mit genügender Gelassenheit in ihrem Körpergefüge verhaftet sind.

Fangen wir mit dem Asthma bronchiale an:

Vorübungen: Kugel und Rhythmus = Daktylus;
sitzend: L – A – O – U – M;
laufend: Die 8 vom Kreuzungspunkt beginnend nach rückwärts laufend mit A – O – U – L – M, im Anfang und Schluß stehend ausgeführt.
Wir haben in dieser Lautfolge mehr Vokale als Konsonanten. Wir regen die Substanzbildung, die ich vorher erwähnt habe, mehr an,

die wir mit diesen Konsonanten L und M einrahmen. Der Konsonant L regt stark die Einatmung an, der Konsonant M die Ausatmung. Das Hauptprinzip ist also: durch direkte subtile Verstärkung der Ein- vor allem aber Ausatmung mit Hilfe der Vokale einen neuen Boden im Brust-Rumpfbereich zu schaffen, damit die Individualität ihren Lufthaushalt wieder voll „gleichgewichtig" gestalten kann.

Zweites Beispiel: Multiple Sklerose

Vorübungen: Kugel = Rhythmus mit Anapäst;
ebenso sitzend: T – L – R – S mit Armen und mit Füßen ausgeführt.
Hier haben wir für die ähnliche Problematik nur Konsonanten, d. h. nur das gestaltende Prinzip der Sprache. Dabei ist zu beachten, daß Gestalten nicht Verfestigen heißt. Sie haben es hier bei dem Lauten L und R mit sehr beweglichen Konsonanten zu tun. Diese Beweglichkeit, die hier eingesetzt wird, ist aber eine flüssige Form – zugleich eine gezielte Form. Sie ist keine unwillkürliche Ataxie.
Das Hauptprinzip ist hier die Bewegung der Gliedmaßen aus gewordener Parese oder Ataxie wieder in flüssige, aber in geführte Bewegung zu bringen.
Ich hoffe sehr, daß deutlich geworden ist, daß wir jeweilige Vereinseitigungen – wenn nicht gerade auflösen – so doch in Fluß bringen können. Es kommt noch dazu, daß die Patienten in der Regel die Bewegungen sehr gerne ausführen, weil sie die Heileurythmie zwar neu lernen, weil sie aber etwas tun, was ihnen zutiefst selber gehört. Ich kann als Therapeut nur die äußere Form, das L oder A mit dem Patienten zusammen entwickeln. Wenn es ausgeführt ist, ist es sein eigenes L oder A, nicht nur der Bewegung nach, sondern vor allem der Vorstellung und Empfindung nach. Es geschieht hier eine Intimität, die aber gleichzeitig objektives Menschengeschehen ist. Denn die Sprache sowie die Krankheiten sind Menschheitsschicksal.

Kunsttherapie

Ein ganzheitlicher Therapieansatz beinhaltet drei Phasen:
1) die Anamnese, die die Vergangenheit des Patienten ist;
2) die Diagnose, die den „Ist-Zustand“ – also Gegenwart des Patienten dokumentiert und
3) die Therapierichtung oder das Ziel, das in die Zukunft weist.

Jeder Mensch – ob krank oder gesund – befindet sich in jedem Augenblick seines Lebens in der Spannung zu diesen drei Zeitkräften von

1. Vergangenheit – Gewordenem
2. Gegenwart – Ist-Zustand
3. Zukunft – Werdendes

Krankheit unterscheidet sich nun von Gesundheit dadurch, daß die Individualität in ihrer Anamnese, ihrer Vergangenheit, von Fremdeinflüssen in irgendeiner Weise überwältigt war, so daß sie jetzt im Augenblick sich in einer Diagnose befindet, wo es ihr nicht möglich ist, alleine weitere Schritte in die Zukunft, in das Werdende, zu unternehmen. Die Individualität braucht für ihr „morgiges“ Dasein eine Therapiehilfe.

Die Therapiehilfe kann eine Operation – im Falle eines Knochenbruchs – sein; sie kann ein wirksames Medikament sein; sie kann aber auch eine Kunsttherapie sein.

Die Kunst – sei es in der Farbe als Bild, im Ton als Musikstück, in der Bewegung als Tanzform – jegliche Kunst ist immer ein Produkt von Menschen für Menschen oder für
Gott geschaffen, eine kreative Schöpfung.

Jeder Mensch, jeder Patient ist ein Künstler, denn jeder Mensch hat zu irgendeinem Kunstgeschehen eine Beziehung, weil der Bau des menschlichen Körpers, den die Individualität bewohnt, aus den Elementen der Künste gebildet ist.

Der Knochenbau, der uns die Statik des Aufrechtseins ermöglicht, ist nach den Proportionen der Musik gebaut. Die Atembewegungen und Blutzirkulation sind Bewegungen, die wir in jeder echten Tanzbewegung wiederfinden, der wir aber auch in der Gestaltung einer Malerei wiederbegegnen können.

Ich möchte alle Künste als die „Urheimat“ der menschlichen Wesenheit bezeichnen.
Dieses – zutiefst mit der Gesamt-Wesenheit des Menschen verbundene – „Kunstmilieu“ bieten wir nun in bestimmten Krankheitszuständen der jeweiligen Individualität als Therapie an.
Wir gehen dabei von einem Dialogprinzip aus:
Wir bieten dem Patienten die Farbe, die Musik, die Bewegung an, damit er sich mit dem jeweiligen Mittel auseinandersetzen kann/muß, damit er in Eigenaktivität aus seiner Anamnese (Vergangenheit), über seine Diagnose (Gegenwart), heraus zu einer neuen Zukunft findet.

Ist die Heileurythmie eine Kunsttherapie?

Im Pastoral-Medizinischen Kurs spricht Rudolf Steiner davon, daß die Auseinandersetzung des normalen Menschen mit seiner Umwelt auf drei Ebenen erfolgt:

a) auf physikalisch-chemischer Ebene
b) auf Lebensebene
c) im Bewußtsein.

In der Therapie, sei sie als Arzneimittel oder als Heilmittel dargebracht, sagt Steiner, erzeugen wir eine Wirkung substantieller oder prozessionaler Art, die über die normale Wechselwirkung der Auseinandersetzung mit der Welt in den genannten drei Ebenen hinausgeht. Er gibt dafür ein Beispiel anhand des Fiebers an. Würde man mit denselben therapeutischen Mitteln bei einem gesunden Menschen eingreifen mit denen man Fieber beeinflußt, würde der Gesunde sein Bewußtsein ändern. Etwas weiter spricht Steiner dann den Kernsatz aus: „Therapie führt das Leben hinein ins Bewußtsein. Der Kultus mit dem Sakramentalismus führt das Bewußtsein hinein in das Leben.“ [1]

Ein Kranker ist in seiner Auseinandersetzung mit seinem sozialen Umfeld – mit der Welt – in einer oder auch allen drei oben genannten Ebenen gestört – irritiert – geschwächt. Durch die richtige Dosierung des Arzneimittels oder Heilmittels wird Hilfe (Therapie) geleistet. Dabei wird im Zeitalter der Bewußtseinsseele vom Therapeuten (Arzt – Physiotherapeut – Kunsttherapeut etc.) etwas anderes an Können und Taktgefühl verlangt als zur Zeit der Verstandes- und Gemütsseele. In unserem Zeitalter haben wir es untereinander direkt mit der Spannkraft des Ichs zu tun. Dadurch stehen wir ständig in dem Zwiespalt, dem Patienten vor lauter Respekt vor seinem Ich immer neue Entscheidungen abzuverlangen oder ihn auf der anderen Seite zu manipulieren, autoritär zu beeinflussen.

Das richtige Maß an Hilfe und Takt ist angesagt. Woher nehme ich das? Aus meinem Studium und meiner Tätigkeit, der Arzt aus

---

[1] Steiner, Rudolf: Das Zusammenwirken von Ärzten und Seelsorgern; GA 318

seiner Wissenschaft, der Kunsttherapeut aus der Kunst und dem Umgang mit seinem jeweiligen Kunstmittel. Solange ich ausübender Wissenschaftler und ausübender Künstler bin, ringt mein Ich ständig über diese drei Ebenen hin mit der Welt der Wissenschaft oder der Welt der Kunst. Es ist die sinnvolle Supervision gegeben. Aus diesem eigenen Ringen heraus kann ich auf die Stigmatisierung des Patienten eingehen und die therapeutische Phantasie entwickeln.

Der Eurythmist nun speziell hat seinen Leib zum Instrument umgewandelt, welches Sprache wie Musik in Sichtbarkeit erscheinen lassen kann. Die Ausbildung zu diesem Instrument beträgt immerhin fünf Jahre. Der Heileurythmist, der weiterhin sein Instrument Leib in der Auseinandersetzung mit Sprache und Musik erkraftet, verliert im Ich nicht die ständige Antwort auf die Anforderungen der Welt. Aus diesem eigenen Ringen heraus kann er das Verständnis und die Heilphantasie für seine Patienten aufbringen. Aus diesem eigenen Ringen heraus kann er seinen Leib ständig so geschmeidig halten, daß dieser auch Heilkraft vermittelt, ohne magisch zu wirken.

Ich sehe einen guten Therapeuten, nicht einen „Besserwisser-Therapeuten“ nur dann, wenn er ständig seine selbstgewählte Supervision mit ihren Gesetzmäßigkeiten, seine eigenen Kunstmittel pflegt – sie ständig vertieft – sie liebt.

Wandlungsprozesse durch Kunsttherapie und Heileurythmie

Jede Phase unseres Gewebes ist mikroskopisch nicht mit Affen- oder Rindergewebe zu verwechseln. Jeder Fingernagel ist menschliches Horn, kein Pferdehufhorn – also Stoffwechsel. Wer macht diesen Stoffwechsel? – Ich! Beim Tier ist es die Gruppenseele, beim Menschen ist es die Individualität – das Ich.

Wo haben wir etwas Vergleichbares, wo ist eine Hilfe für dieses Ich, diese Stoffwechselarbeit zu tun?

- Früher waren die Mysterien direkte Order aus der geistigen Welt heraus zum Menschen.
- In späterer Zeit wurde es die Religion. Sie war der Wiederanschluß, die Re-ligion an die geistige Order.
- Heute ist es die Kunst.

Warum die Kunst? Nicht nur für den Kranken, nicht nur für den Künstler, sondern für jeden Menschen ermöglicht die Beschäftigung mit der Kunst ein Eintauchen in Urelemente, in Urphänomene und damit auch in den Wandlungsprozess der Urelemente: Im Plastizieren ist das Stück Erde, welches durch die menschliche Hand gestaltet gegangen ist, eine gewandelte Erde. Die Farbe beim Malen ist fühlend angeschaut und differenziert-gewandelt auf das Papier aufgetragen. Bei der Sprachgestaltung treten wir aus den Raumprozessen weitgehend in die Zeitprozesse ein. Der ausgeatmete Luftstrom, auf dem sich Sprache äußert, wird gestaltet. In der Eurythmie treten wir noch tiefer in die gestaltete Sprachbewegung ein, indem wir sie auf den ganzen Körper übersetzen. In der Musik geht es ganz im tiefsten Inneren der Individualität um ein Durchstrukturieren der Zeit. Bei allen Künsten kommt es nicht auf ergebnisorientierte Produkte an, sondern auf erlebte Prozesse.

Die Bewegungskunst nun schlüsselt alle unwillkürlichen Bewegungen auf und führt sie in die willkürlichen Bewegungen hinein, also – Bewegungswechsel = Stoffwechsel. Wir haben den Bau des menschlichen Leibes als Resultat von Bewegungen der Individualität. Wir haben das Fungieren, das Leben unserer Individualität in diesem Leibesbau als ständig – in jeder Minute neuschaffende – Bewegungsvorgänge. Wir sind also dreifache Bewegung:

1. die gewordene Bewegung = Vergangenheit.
2. die haltende Bewegung = Jetzt,
3. und die sofort wieder werdende Bewegung = Zukunft.

Damit befaßt sich nun die Kunst-Eurythmie. Wir wollen diesen drei Gesichtspunkten nachgehen und sehen, warum wir die bewegungsgewechselte (stoff-gewechselte) Bewegung = Kunsteurythmie als Heileurythmie dem Individuum anbieten, damit es eine Bewegungshilfe hat, seinen kranken, nicht überall stoffgewechselten Körper, wieder in den richtigen Schwingungsprozeß zu versetzen.

Übungen:

Alle stehen im Kreise:

1) Wir messen unsere Füße (wir erleben vom Mittelpunkt ausgehend ein: Hinten und Vorne, ein Links und Rechts. Dies ist ein Kreuz = gewordene Bewegung
2) Wir messen die Außen- und Innenkanten der Füße (wir erleben die Form der Fußsohle = 1 Bogen = 1 Doppeltgebogene = wiedergewordene Bewegung)
3) Wir wiederholen 1). Dann laufen wir diese Kreuzform der Füße:
   hinten zum Mittelpunkt zurück,
   vor zum Mittelpunkt zurück
   nach links und zurück, nach rechts und zurück im Raume
   (werdende Bewegung)
4) Wir wiederholen die Übung 2).Wir messen unsere Füße entlang den Außen- und Innenkanten. Jetzt laufen wir auch diese gewordene Form im Raume.
   Hinten anfangen, vor über links einen Bogen, dann die Doppeltgebogene wieder zurück, das gleiche nach der rechten Seite.
5) Wir haben nun aus der gewordenen Bewegung die werdende Bewegung entwickelt. Was ist dann die anhaltende Bewegung?

1. Das ist die Bewegung, die innerlich zuerst von unserem Kopf ausgeht und erkennt, daß wir einmal ein Kreuz, zum anderen die Sohlenform und die gebogene Form unserer Füße haben.

2. ist es der Willensimpuls, der uns motivierte, unseren Körper zuerst im Kreuz schwankend, später sogar in Richtungen wie hinten, vorne, links und rechts zu bewegen, ebenso wie wir groß im Raum die Sohlenform der Füße bewegt haben, und
3. begleiten wir die erkennende wie auch die uns motivierende Bewegung mit Gefühlen wie: das ist schön, das ist leicht oder schwer, das macht Spaß, das ermuntert mich, das macht mich nachdenklich.

Wir haben also in der anhaltenden, der augenblicklichen Bewegung, wo der Bewegungsfluß äußerlich still ist, eine dreifache innerliche Bewegung, die zeitlich zusammenfällt:

1. Erkennen – die gewordene Form
2. Impulsieren – die werdende Bewegung
3. und mit seelischen Empfindungen, beide begleitend, – die anhaltende Bewegung.

Jetzt haben wir – sehr vereinfacht – die Bewegungen, die den Leib aufbauen, erhalten und motivieren, betrachtet. Nun wollen wir einmal die Sprachbewegung betrachten. Sprache bilden wir, indem wir den ausatmenden Luftstrom mit Hilfe von Zähnen, Lippen, Gaumen, Kehlkopf in unterschiedliche Formen bringen.

Diese Formen, die wir im Mund, im Kehlkopfbereich, mit kleiner differenzierter Muskulatur ausführen, übersetzen wir nun in den Bewegungsfluß der großen Muskulatur der Arme, z. T. der Beine und auch des Rumpfes: das ist die Eurythmie.

Übungen:

1. Übung: Alle stehen frontal:
    1. H nach hinten, N zur Mitte, L vor, N wieder zur, Mitte I stehend
       S nach links, O oben und zur Mitte, A nach rechts O in der Mitte und auch zur Mitte zurück
       F links
       I klein in der Mitte
       F zweimal nach rechts und zurück

2. Alle stehen frontal, die Kreuzform auf den Spruch von Angelus Silesius laufen:
   Halt an = hinter und zur Mitte
   Wo läufst Du hin? = vor und zur Mitte
   Der Himmel ist in Dir = stehend
   Suchst Du = nach links
   Gott = zur Mitte zurück
   anderswo = rechts und zurück
   Du fehlst ihn = links und zur Mitte
   für und für = rechts und zur Mitte
3. Das Gleiche wird nun mit den Lauten ausgeführt.

2. Übung: alle stehen frontal
   Die Füße werden an ihren Außen- und Innenkanten gemessen. Wir erweitern die Fußsohlenform zur Raumform und laufen die sog. harmonische Acht:
3. Übung: wir laufen die gleiche Raumform und gestalten folgende Laute: L, L, R, R, L, S, I, T, Z, O.
4. Übung: wir gestalten den Vers nach Eichendorff auf diese Form:

   Schläft ein Lied in allen Dingen
   die da träumen, fort und fort
   und die Welt hebt an zu singen
   triffst du nur das Zauberwort.

Nun können wir nachvollziehen: mit dem, was wir gerade getan haben, haben wir keine unwillkürlichen Bewegungen gemacht.

1. Wir haben das Maß unserer Füße der Länge, der Breite und dem Umkreis nach genessen. Diese „Ausmaßtätigkeit" hat der Künstler „Gott" einmal für uns getan. Er hat damit den Menschenfuß im Unterschied zum Tierhuf geschaffen (gewordene Bewegung).
2. Dann haben wir den vor uns liegenden Raum mit dieser Grundform unseres Fußes gestaltet, indem wir ein Kreuz und eine harmonische Acht im Raume gelaufen sind (werdende Bewegung).
3. Dann haben wir uns in einem Zwischenteil mit der Entstehung der Sprache befaßt und die Lautformen in der Eurythmie entwickelt.

4. Diese sichtbare Sprache nicht nur mit dem Munde, sondern mit den Armen gestaltete Sprache, haben wir dann mit dem Spruch von Angelus Silesius auf dem Kreuz und mit dem kleinen Vers von J. v. Eichendorff auf der Form der harmonischen Acht mit Lauten gestaltet. Wir wurden selbst in dem Augenblick des Tuns zum schaffenden Künstler.

Gehen wir noch einmal zum Ausgangspunkt zurück. Kranksein heißt, irgendeinen Stoff, einen seelischen Gemütseindruck oder gar einen Gedankengang nicht „verdaut" zu haben, sprich: nicht in und mit der Individualität gewechselt zu haben.
Gesunden heißt, mit Hilfe der Bewegungskunst den Stoffwechsel auf allen Ebenen zu beleben und anzuregen. In der Heileurythmie allerdings arbeiten wir mit Hilfe des Arztes noch sehr viel gezielter und organgerichteter.
Im weiteren Verlauf des Buches mache ich Ausführungen, wie das Immunsystem nicht nur, aber auch, mit der richtigen Ausgestaltung der vier unteren Sinne zusammenhängt. Diese unteren Sinne – oder Vital-Sinne – sind der Tastsinn, der Lebensinn, der Eigenbewegungssinn und der Gleichgewichtssinn. Über die Zuordnung des Tierkreises zu den 12 Sinnen und den 12 Konsonanten in der Eurythmie haben wir es hier mit den Lauten N – Tastsinn, M – Lebenssinn, L – Eigenbewegungsinn. G – Gleichgewichtssinn zu tun.

Das N ist ein Wunderlaut bei den starken Durchfällen.

Das M schafft einen Wiederbezug von Oben und Unten. Es stabilisiert den Lendenwirbelbereich.

Das L stabilisiert die Aufrechtekraft zum einen, durchwärmt und durchpulst zum anderen den Brustkorb sehr gut.

Das G wird von den Patienten meist besonders geliebt. Es gibt dem Patienten, der in der Krankheit in eine Haltlosigkeit geraten ist, ein Grenzgefühl. Außerdem regt es stark die Muskulatur des Schultergürtels an.

Übungen:

Wir stehen frontal, laufen von hinten nach vorne mit M und wieder zurück. Stehend machen wir das N, dann laufen wir mit großem L vor und gehen mit G zurück.

Das Pentagramm ist die Urform des Lebensleibes. Es wird aus der Gestalt heraus entwickelt. Auf diese Form lasse ich die Patienten dic fünf Vokale gestalten. Es liegen in der Tätigkeit der Vokale die reinen Aufbaukräfte des Körpers; auch dieses habe ich schon eingehender ausgeführt.

Übungen:

Alle stehen frontal.

1. Wir ziehen in Gedanken eine Linie vom Kopf zum rechten Fuß.
2. Wir ziehen eine Linie vom rechten Fuß zur linken Hand,
3. von der linken Hand zur rechten Hand,
4. von der rechten zum linken Fuß und
5. vom linken Fuß wieder zurück zum Kopf.

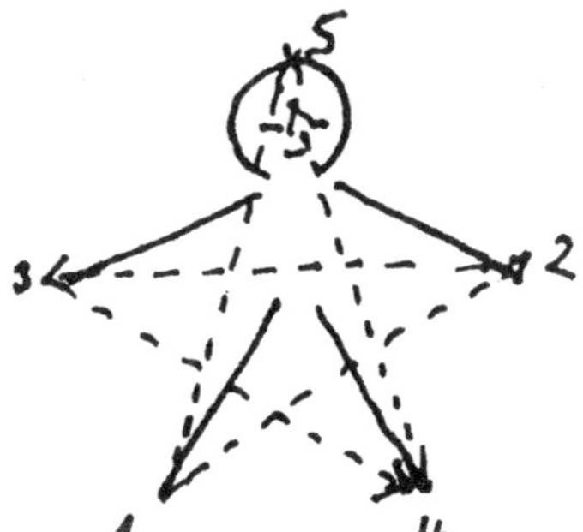

Sodann projizieren wir diesen Fünfstern in den Raum und laufen ihn.

Anschließend gestalten wir die Vokale A E I O U auf je einen Weg dazu; zum Schluß lassen Sie uns auf das Pentagramm einen Spruch von Angelus Silesius laufen:

1. Gott ist mein Mittelpunkt.
2. Wenn ich ihn in mich schließe,
3. mein Umkreis dann,
4. wenn ich aus Lieb'
5. in ihm zerfließe.

Der Mensch ist – wie alles Lebendige – ein sich bewegender und bewegt werdender Organismus. Im Anfange seines Lebens verdankt er den grundlegenden Bewegungsvorgängen sein späteres Dasein.
Diese sind:
1. die Bewegungskraft, die den Säugling veranlaßt, sich aufzurichten und laufen zu lernen;
2. die Sprachbewegung, die dem Kinde ermöglicht, Laute zu formen, um sich anderen Menschen mitzuteilen;
3. Die Denkbewegung, die den Menschen zum innerlich selbständigen Wesen macht.

Diese sind die äußerlich wahrnehmbaren Entwicklungs-Bewegungen der ersten Jahre des Menschen.
Im Innern des Menschen geht ebenfalls eine Vielzahl differenzierter Bewegungen vor sich, die von außen weniger bemerkbar, aber zur Ausgestaltung des Organismus im Kindesalter und zu dessen Erhaltung im späteren Leben notwendig sind. Jedes Organ hat seine eigene, rhythmisch gegliederte Bewegung. Bei Blutkreislauf und Atmung sind diese Vorgänge offensichtlich. Daß ein Magen, Darm, eine Leber usw. aus rhythmisch lebendiger Bewegung bestehen, kann erst aus ihren Funktionen erschlossen werden.
Der heutige Mensch aber steht in einer Umwelt, die von außen her seine Bewegungsfähigkeit preßt und streßt. Daher haben die inneren Organe oft nicht die Möglichkeit, die rhythmischen Gesetze ihres Daseins darzuleben (Mahlzeiten, Bewegungsmangel, Schlaf-Wach-Rhythmus etc.).
Die Heil-Eurythmie greift die ersten, natürlich veranlagten Bewegungsimpulse des Menschen, nämlich die Aufrichtekraft, aber vor allem die Sprach- und Denkbewegung, wieder auf, um gesundend auf den ganzen Organismus zurückzuwirken. Es werden diese Bewegungsimpulse mit den Armen und Beinen umgesetzt, die der

Ausführende mit seinem ganzen Verständnis und seelisch empfindenden Wesen mitvollziehen kann.
Somit kann der Mensch seinen Organismus wieder in ein harmonisches Gleichgewicht bringen.
Dazu gehören drei Dinge:

1. die Anordnung und Empfehlung des Arztes, der das Ungleichgewicht festgestellt hat,
2. die Anleitung des Heil-Eurythmisten, der auf Grund seiner 6-jährigen Ausbildung mit den Bewegungen vertraut ist,
3. der Wille des Patienten, die Bewegungen über eine Zeit hinweg täglich zu üben und in seinen Tagesrhythmus einzugliedern.

Nach einer Behandlung von mehreren Stunden muß, auch im täglichen Üben, eine Therapiepause eintreten: Danach kann mit den bisherigen Übungen fortgesetzt oder ein neues Therapie-Konzept erstellt werden.
Dr. Rudolf Steiner faßt das folgendermaßen zusammen:
„Der Mensch ist eine fertige Form, wie er vor uns steht. Aber diese fertige Form ist aus Bewegung hervorgegangen.
Nicht das Bewegte geht aus dem Ruhenden, das Ruhende geht ursprünglich aus dem Bewegten hervor.
Und wir gehen zurück zu den Urbewegungen, indem wir die Eurythmie ausbilden.“[2]

---

[2] Steiner, Rudolf: Die Eurythmie als sichtbare Sprache; GA 279

Der Patient und seine Würde

Es gibt den Begriff: „Patient“, von dem jeder spontan eine Vorstellung hat, und den Begriff „die Würde des Patienten“, wozu auch spontan ein innerliches Bild entsteht.
Der Patient muß behandelt werden, denn es wird sich immer um einen physischen, sog. Reparaturschaden handeln, dem mit medizinischem Fachwissen begegnet werden muß. Da der Patient aber ein Mensch und kein Auto ist, gehört eben zu diesem physisch kranken Körper auch noch eine andere Seite, die man mit der „Würde des Menschen“ zusammenfassen oder bezeichnen kann. Zu dieser Würde des Patienten – und überhaupt jedes Menschen – gehören seine geistige Schaffenskraft und seine seelischen Schwingungsmöglichkeiten genauso dazu wie sein Körper. Ohne geistige Schaffenskraft wären wir alle computergesteuerte Puppen. Und ohne seelische Schwingung wären wir soziale Monster.
Wir alle wissen aus eigener Erfahrung, wie eine Migräne, eine Verkrampfung im Rücken, Bauchschmerzen – kurz wie irgendeine physische Beeinträchtigung – unsere geistige Aufmerksamkeit und unsere zwischenmenschliche Ausstrahlung unsere Umgebung beeinträchtigen können. So kann jeder nachvollziehen, wie sehr bei einem schwerkranken Patienten seine geistigen Fähigkeiten sowie seine sozialen Möglichkeiten beeinträchtigt sind. Der jahrzehntelange Wildwuchs an medikamentöser Beeinflussung mit seinen Nebenwirkungen haben noch dazu beigetragen, daß wir in den meisten Fällen den Patienten von drei Seiten her stabilisieren müssen, nämlich von der körperlichen, von der seelisch-sozialen und der individuellen geistigen Seite her.
Ich zitiere die Schriftstellerin, Ricarda Huch: „Der Mensch ist nicht allein in seinem Hause. Er ist in Wirklichkeit eine Welt und eine Erde im Kleinen. In ihm leben die Elemente, in ihm lebt die ungezähmte Wildheit der Tiere, zuletzt und oft zumindest lebt in ihm der menschliche Gedanke.“
Wir haben die Kunsttherapien: Plastizieren – Malen – Heileurythmie – Musiktherapie. Das ist schon in dieser Reihenfolge der Weg vom Körper des Patienten bis hin zu seiner Würde, nämlich:

im Plastizieren ist eine Gestaltung mit Werkstoff, Ton, Holz oder Stein gegeben. Im Malen ist das Material feiner: Wasser, Farbe, Zeichenstift; die Ausgestaltung geschieht in der Fläche. Mit der Heileurythmie fallen äußere Materialien weg, es ist eine Bewegungskunst, wo Raum und Zeit in rhythmischer Formung kreative Gestalt annehmen. Mit der Musiktherapie sind wir nun ganz in der Nicht-Stofflichkeit, im Zeitgeschehen der seelischen Schwingungsfähigkeiten und der geistigen Schaffenskraft. Mit den Künsten – vom handgreiflichen Material über Farbe und Bewegung bis hin zum musikalischen Ton – haben wir einen Weg vom Körper mit seiner Beschwerde über die seelisch-soziale Schwingungsmöglichkeit bis zur individuellen geistigen Existenz.
Hieraus kann man ersehen, wie individuell eine Ausgestaltung von einigen Lauten in der Heileurythmie sein muß, wie dieses Tun uns ganz persönlich anspricht. Durch die physiologische Wirkung einzelner Laute auf einzelne Organsysteme wird die Heileurythmie gezielt bei speziellen Erkrankungen angewendet. Sie ruft gemeinsam mit den homöopathischen Medikamenten die Schöpferkräfte und den eigenen Genesungswillen des Patienten ganz eigenständig auf. Franz Kafka hat einmal gesagt: „Der Mensch kann nicht leben ohne ein dauerndes Vertrauen zu etwas Unzerstörbarem in sich."
Dieses Unzerstörbare in jedem Patienten ist für uns seine Würde. Diese Würde zu stärken, zu kräftigen und aufzurufen, ist das Anliegen der einzelnen Kunsttherapien.

Die postoperative Behandlung des Prolapses (Bandscheibenvorfall) mit Heileurythmie

Zu Anfang möchte ich kurz auf das Wesentliche dieser Krankheit eingehen. Landläufig spricht man davon, daß es zwei hauptsächliche Gründe gibt, warum ein Prolaps eintritt. Einmal ist es eine anlagebedingte Krankheit, zum andern führt starke Belastung dazu.

Zu 1.) Wir haben versucht, etwas tiefer in die Frage „anlagebedingt“ einzudringen und dabei folgendes gesehen: In der embryonalen Entwicklung bildet sich gleich zu Anfang ein gerades stabförmiges Gebilde – die Corda dorsalis – an der sich im weiteren Verlauf der Rückenmarkskanal, das sog. Neuralrohr, bildet und aufrichtet. Im weiteren Verlauf, nämlich mit der Bildung der Knochensubstanz, wird dieser Stab (Corda) auseinandergedrückt, muß sich selber aufgeben. Wird dieses Auflösen der Corda dorsalis nicht im umfassenden Sinne geschafft, so haben wir die sogenannte Anlage zum Prolaps im späteren Leben. Wir haben uns hier gefragt, ob es sich nicht um eine leibgebundene Ich-Tätigkeit handelt. Die Fähigkeit des Ich schon im Vorgeburtlichen sich zur Opferbereitschaft zu entschließen oder nicht.

Zu 2.) Die andere prolapsauslösende Diagnose heißt oft „starke Belastung“, landläufig: physisches Überheben oder sonstige akute Belastung der Wirbelsäule. Von 200 Fällen hat man genau bei 2 Fällen diese physische Belastung bestätigt gefunden. In der Regel ist es so, daß ein Prolaps sich lange anbahnt und vorbereitet und meist mit schwer zu tragenden Schicksalsschlägen einhergeht (Tod von lieben Menschen, Berufskrisen, Ehescheidungen etc.).

„Das Kreuz kann nicht mehr getragen werden.“

Aus diesen beiden grundlegenden Erörterungen ergeben sich nun die therapeutischen Ansatzpunkte für die Heileurythmie.

Ein drittes kommt hinzu, nämlich der akute Zustand des Patienten vor der Operation und der gegenwärtige Zustand nach der Operation. Vor der Operation kommt der Patient mit starken Schmerzen

im unteren Rückenbereich. Sein ganzes Leibes- und Lebensgefühl ist also von vorne oben – dort wo sich unser hauptsächlichstes Sinnesleben abspielt – nach unten hinten abgezogen.
Dazu kommt das Bedürfnis, sich ständig leise zu bewegen, denn alles Stehen oder Sitzen verschlimmert den Schmerz. Nach der Operation muß der Patient zuerst still liegen. Ungefähr am dritten Tag nach der Operation haben wir vorsichtig mit der Heileurythmie angefangen.

Übungen:

Als Erstes:

R
_ v v _ v v _ v v taktieren
Koordinations-I

R = vorsichtig mit den Armen geführt und durch den Rücken fortgesetzt. Der Hauptgesichtspunkt für das R ist einmal die bessere Bildung der Narbe und außerdem das Vermitteln der Beweglichkeit von Anfang an.
_ v v _ v v _ v v = Dieses Taktieren ist zur Anknüpfung an die Aufrechte gedacht.
Koordinations-I = Das I überhaupt muß neu errungen werden. Hier ist es erst einmal als Raumorientierung und als Festigung der Wirbelsäule überhaupt gedacht.

Jetzt kommen wir zum Aufstehen am 10. Tag:

M
rhythmisches R
Wiege-L
U
_ v v _ v v _ v v

M = Dieses M hilft uns, vorsichtig den Raum zu ertasten und die Orientierung von „vorne – hinten" wieder zu erreichen. Außerdem hilft es beim Geschmeidigwerden des Wundbereiches.

Rhythmisches R = Um für „unten – hinten“ etwas zu tun, versuchen wir, am Gegenpol, nämlich oben anzusetzen. Die sich meist sofort einstellenden warmen Füsse werden dies bestätigen. Rein äußerlich physisch gesehen, wird der 4./5. LWK leicht rhythmisch bewegt.
Wiege-L = Da das eigentliche L vom Patienten noch nicht ausgeführt werden kann, wird hier das Wiege-L erst im Stehen, später vorsichtig im Laufen bevorzugt. Wenn es gut durch die Kniee gehend ausgeführt wird, bekommt der Patient ein erstaunliches Zutrauen zu seinem neu zu ergreifenden Bewegungsorganismus.
U = Da das I dem Patienten so kurz nach der Operation und den vielen Schmerzen vorher einfach überfordert, lassen wir zu diesem Zeitpunkt das U ausführen. Die Sicherheit der Parallelen, die die Wirbelsäule stützen, das Verdichten der Kräfte der Umgebung zur eigenen Gesundheit, ist unserer Meinung nach hier gegeben.
_ v v _ v v _ v v = Durch den Rhythmus, der von oben – außen – dem Menschen gegeben ist, wird das äußere Auftreten und das innere Ergreifen der Aufrichtekraft gewährleistet.

Die Reihenfolge der Übungen ist:
_ v v _ v v _ v v = Das Laufen wird aus dem Raum: hinten – oben neu gelernt und gegriffen.
Rhythmisches R = ganz aus der Peripherie heraus: vorne – oben setzen wir mit der Heileurythmie an.
Wiege-L = Wir stellen die Wirbelsäule selber vorsichtig ins: vorne – hinten.
M = Die Raumorientierung, vor allem aber der akute Wundbereich, werden angesprochen.
U = Die Sicherheit der Parallelen ist die Grundlage für das I, das später ergriffen werden muß.
Unser Anliegen ist also: Den Patienten von außen – oben zu sich selber, zum Ergreifen seiner Aufrichte, zum Gebrauchen seiner Wirbelsäule zu führen. Wir leisten ganz bewußt Hilfe beim Anknüpfen des „Marionettenfadens“. In der Zeit nach seinem Krankenhausaufenthalt muß der Mensch dann durch Ergreifen der Kräfte des I diesen Marionettenfaden selber festigen.

Im weiteren Verlauf des Krankenhausaufenthaltes kommt der Patient durch die physiotherapeutische Behandlung noch auf andere Weise mit der Aufrichtekraft und der Leichte des Wassers in Berührung. Mit der Entlassung ist in den meisten Fällen ein deutlicher Wille zu einem Neuanfang zu erkennen.
Noch einen kurzen Rückblick zu unseren anfänglichen Betrachtungen: Hat Goethe in seinemt „Märchen von der grünen Schlange" etwas geahnt von dieser Tätigkeit der Corda dorsalis im embryonalen Zustand? Die Schlange sagt, als es an der Zeit ist: „Ich will mich opfern, ehe ich geopfert werde." Können bei der Erkrankung des Prolapses der Patient, der Arzt und der Therapeut gemeinsam etwas tun, was früher einmal nicht geschafft wurde?

Heileurythmie mit Querschnittgelähmten

Um über die Therapie „Heileurythmie“ bei querschnittgelähmten Menschen zu sprechen, muß ich einige Worte zum motorischen Menschen und seinen Problemen überhaupt vorausschicken.
Wenn wir uns selbst als jetzigen erwachsenen Menschen betrachten, so haben wir da verschiedene Ebenen, die in uns vereinigt sind.

1. Wir haben einmal den **Knochenbau** mit der dazugehörigen Raumorientierung, die uns durch die Verhältnisse der einzelnen Knochen zueinander in ihrer Statik gewährleistet ist.
2. Als nächstes haben wir den **Muskelapparat**, so sagt die Wissenschaft, ich spreche lieber vom Muskelmenschen. Hier spielt Festes und Flüssiges miteinander. Selbst im tiefen Schlaf werden die Muskeln von Blut und Lymphe durchpulst.
3. Dann kommen wir zu dem, ich nenne es einmal den Inspirator des Knochen- und Muskelmenschen, zum **Nervenmenschen**. Das ist nun derjenige, der Impulse und Motivationen ausschickt, damit dieser feste Kerl von Flüssigkeit durchzogen, nun auch etwas mit sich anfangen kann.
4. Zum Schluß haben wir **denjenigen, der in diesem ganzen Gebilde wie in einem Hause wohnt**. Er bringt die Wärme auf dem Wege über das Blut in diese Komposition „Mensch“.

Dieser „Er“, „Sie“, oder besser gesagt dieses „Ich“, hat nun drei Grundtendenzen oder drei Hauptbewegungen zur Verfügung, um in diesem Gebilde aus Knochen, Muskeln, Blut/Lymphe, Nerven und Wärme zu wohnen und sich zu verwirklichen. Es sind dieses erstens die Anregungen und Anstöße, die vom Denken ausgehen, zweitens muß diese Vornahme des Denkens mit einem eigenständigen Gefühl begleitet werden und drittens muß dann eine Tat folgen; ich muß den Willen aufrufen das zu tun, was ich erstens mir vorgenommen habe, zweitens wie ich mir es vorgenommen habe, um drittens zu handeln.
Aus diesen Ausführungen ist hoffentlich deutlich, daß wir alle den menschlichen Körper nicht nur als eine funktionsfähige Maschine ansehen sollten. Es ist aber sicher auch deutlich geworden, daß

derjenige, der in diesem Körper wohnt – das „Ich“ – unbedingt diesen Körper benötigt, um seine drei Hauptfähigkeiten, nämlich Denken, Fühlen und Wollen zu verwirklichen.
Wir haben den Sinn unseres Lebens dadurch charakterisiert, daß wir sagen, wir selber wollen uns verwirklichen. Dazu brauchen wir unseren Körper. Vergegenwärtigen wir uns einmal kurz, was wir unserem Körper ständig an Motorik abverlangen, um uns verwirklichen zu können. Selbst wenn wir am Schreibtisch sitzen und ein Buch schreiben, sind wir in Denk-, Schreib-, Atem-, Verdauungstätigkeiten etc. begriffen.
Wir sehen den Menschen als eine Gliederung von Stofflichkeit, seelischem Inhalt und geistiger Perspektive. Aus dieser Sicht heraus verwenden wir Therapien, die den Menschen in seiner Ganzheit ansprechen. Die „Heileurythmie“ nimmt ihren Bewegungsansatz aus der Musik und aus der Sprache.
Wie sieht der Sprachvorgang aus? Wir atmen ein und aus dem ausgeatmeten Luftstrom formen wir mit Hilfe von Lippen, Zähnen, Zunge, Gaumen, Kehlkopf einzelne Buchstabenformen, die wir zu Worten, zu Sätzen zusammensetzen. Diese Formen dringen an das Ohr des anderen, der sie verstehen soll. Die Physik spricht von Wellen, wir sprechen von Formen – es ist das gleiche. Nun entwikkeln wir dieses einmal gemeinsam.
Diese Formen setzen wir in Gebärden der Arme, oft auch Beine manchmal. in dem ganzen Rumpf um. Wir sprechen jetzt nicht mit der kleinen Muskulatur des Mundes und des Halses, diese schweigt. Wir sprechen jetzt mit der großen Muskulatur der Arme. Einzelne Laute – ganze Worte – Stimmungen von Gedichten – erscheinen in Gebärdensprache am und durch den ganzen sich in Bewegung äußernden Menschen z. B.
Ein S hat eine schmale fliegende Gebärde.

Ein L strömt herauf, teilt sich, wie der Luftstrom ja durch die Zunge auch geteilt wird, geht nach beiden Seiten weiter und wird unten wieder aufgefangen.

Das R hat eine rollende Gebärdenform.

Das I streckt sich schmal.

Die Sprache selber ist ja ein Bewegungsfluß, in dem wir ganz mit unserem Wunsch der Verwirklichung eintauchen. Wir haben stets die drei Hauptfähigkeiten oder Haupttätigkeiten unseres Ichs in Bewegung bei der Sprache: Bei jedem Satz, den wir aussprechen, denken wir den Inhalt – wie wir etwas sagen muß unser Gefühl entscheiden – und das wir es dann schließlich sagen oder lieber schweigen, entscheidet unser Willensimpuls.
Ich hatte eingangs ausgeführt, daß der Mensch die Verwirklichung von Denken, Fühlen und Wollen in seiner Körperlichkeit sucht, die vier Ebenen des Seins aufweist: Die physische Ebene, die Lebensebene, die seelische oder Empfindungsebene und durch die Wärme die Ich-Ebene. Ist nun ein Teil dieses Körpers gelähmt, das heißt sind Teile des Körpers undurchdrungen von den anderen Ebenen, so muß ich der Individualität für ihr Denken, Fühlen und Wollen eine Möglichkeit anbieten, wo sie sich dennoch verwirklichen kann.

Übungen:

Denken Sie sich bitte in einen teilweise gelähmten Menschen hinein. Sie können die Arme noch etwas bewegen, sitzen aber im Rollstuhl.
Die Hände vor der Brust zusammengelegt und im folgenden Gedichtrhythmus öffnen – schließen – öffnen – schließen.

> „Im Atemholen
> sind zweierlei Gnaden
> die Luft einziehen
> sich ihrer entladen
> jenes bedrängt
> dieses erfrischt
> so wunderbar ist das Leben gemischt
> du danke Gott, wenn er dich preßt
> und danke ihm, wenn er dich wieder entläßt"
>
> Goethe

Was ist geschehen?

1. Ich habe den Patienten dort angesprochen, wo er Möglichkeiten hat. Das heißt, bei den Händen: Sie bewegen sich nach außen und schließen sich wieder.
2. Ich habe ihn auf seine Zeitlichkeit hin angesprochen im Rhythmus des Gedichtes, und
3. habe ich die Räumlichkeit in seinem Bewußtsein aufgerufen – Weitwerden und Verengen.

Weitere Übungen:

1. Mit den Armen wird eine liegende Acht ausgeführt, wobei die Dimensionen des Raumes nach vorne, hinten, oben, unten, rechts und links beachtet werden. Dieses ist verstärkt durch spezielles Ansprechen des Umkreises und dem gegenüber des Zentrums. Ich habe hier eine starke Wirkung auf die gesamte Zirkulation.

2. Dann habe ich mit den sich steigernden Lauten R und U, B und A, dieses Raumgefühl so intensiv erübt, daß ich eine verstärkte Atmung anregen konnte.
3. Die Übungen lasse ich wieder abklingen und habe somit im ganzen Verlauf die Behandlung in eine rhythmische Gestalt gebracht.

Zwei Fragen und ein Beispiel

Grundsätzliche Fragen

a) Wie kann man verstehen, daß Heileurythmie wie ein Medikament wirkt?
b) Soll man Tierkreisgebärden in der Heileurythmie verwenden?

Grundlegender Ausgangspunkt des medizinischen Gesichtspunkts für eine Therapie in der anthroposophisch erweiterten Medizin ist folgender:
Die vier verschiedenen Ebenen des gesamten Organismus, die physische, die funktionelle, die emotionale und als vierte die alles umgreifende individuelle Ebene, müssen so ineinandergreifen, daß in fluktuierendem Austausch jeweils ein Teil der einzelnen Ebenen leibgebunden arbeitet – also den Organismus am Leben erhält –, und der andere Teil in freier Verfügung zur Verwirklichung der Individualität in der Welt dient. Ist das Gefüge von Leibgebundenheit und Verwirklichungsfreiheit gestört, setzt die Therapie ein.

Ein Beispiel:

Eine Multiple-Sklerose-Patientin, die seit Beginn ihrer Krankheit Heileurythmie bekommt und auch gerne alleine übt, wurde durch den Therapeuten dazu angeregt, die Lautreihe: T – L – R – S mit den Tierkreisgebärden abzuwechseln.
Die Patientin sitzt im Rollstuhl, kann die Arme gut bewegen. Im linken Arm ist die Spastik so weit fortgeschritten; daß er bei dem Laut L etwas ausschlägt und die flüssige Rundung nicht mehr so ganz gut formen kann. Das Gesamtgeschehen „L" aber wird durch den beweglichen rechten Arm gut ausgeführt, und für den geübten Blick entsteht ein zartes, aber inhaltlich voll gültiges L. Ähnlich verhält es sich mit den Lauten T, R und S, wobei das S der Patientin krankheitsbedingt die Tendenz hat, im oberen Bereich zu weit auszuholen und keine genügende Gestaltungskraft erbringen kann. Die völlig gelähmten Beine können nur vom Therapeuten selber geführt werden.

Nun werden diese lange gewohnten Laute so abgewechselt, daß der gegenübersitzende Therapeut zuerst die Gebärde des Löwen ausführt, die Patientin mit den Armen das T macht. Dann der Therapeut die Steinbock-Gebärde gestaltet, die Patientin das L ausführt. Diese Folge wird mehrmals wiederholt.
Dann gestaltet die Patientin mit den Armen die Löwen-Gebärde, und der Therapeut führt das T aus. Die Patientin gestaltet die Steinbock-Gebärde, der Therapeut führt das L aus. Auch diese Folge wird mehrmals wiederholt.
Zum Schluß wird alles noch einmal so gemacht wie zu Beginn.
Es wird ein Echoerlebnis festgestellt.

Frage 1: Wie wirkt ein Medikament?

Das Medikament verändert im funktionellen Gefüge etwas, es verlangsamt oder beschleunigt, differenziert oder untergliedert. Dadurch tritt eine Veränderung in objektiver wie auch subjektiver Wahrnehmung in bezug auf diese Veränderung ein wie:

- Schmerz wird gelindert oder verstärkt
- Spastik gelöst oder gehemmt etc.

Es treten physische Folgen auf wie:

- Stuhlgang kommt in Gang oder
- Durchfall wird gehemmt.
- Herzbeschwerden werden reguliert etc.

Wir haben nun eine durch Jahre gewohnte Bewegungsreihe von Lauten, die bei der MS besonders die Blasenfunktion trainieren und den Kreislauf anregen – und damit eine Durchwärmung der spastischen Gliedmaßen erreicht wird. Bei Rollstuhlfahrern vertieft sich die Atmung durch Stärkung der Aufrichte-Kraft in der Wirbelsäule; hier können wir eine sogenannte medikamentöse Wirkung ablesen.

Frage 2: Was geschieht in der Abwechslung von Tierkreis und Lautgebärde?

Bei Konsonanten haben wir es stets mit einer bewegten Bewegung zu tun: Diese beginnt, läuft und hat ein Ende. Es wird also unser gesamtes funktionelles Gefüge in ganz gezielter Weise (nämlich L

anders als durch R) in Bewegung gesetzt, durchgeführt und zum Ende gebracht.
Beim jeweiligen Tierkreis haben wir es mit Stellungen zu tun. Eine Stellung ist vom Gliedmaßensystem aus gesehen eine ruhende Gebärde, die aber von ihrer Aussagekraft her eine gezielte objektive wie subjektive Wahrnehmung, wie wir es bei Frage 1 formuliert hatten, vermittelt.

Beide Fragen zusammengefaßt:

Mit einem Medikament oder mit der Heileurythmie wollen wir als Therapeut die Teile des funktionellen und emotionellen Bereiches im Organismus beeinflussen, die leibgebunden und funktionsbedingt organisiert sind und ihrer Aufgabe aufgrund einer Krankheit nicht gerecht werden. Haben wir nun einen Patienten mit einer chronischen Krankheit – wie oben geschildert –, der über Jahre hinaus versuchte, sich mit Hilfe der Heileurythmie zu organisieren; so kann die Gestaltung von Tierkreisgebärde und Laut im Wechsel eine tiefgreifende Belebung ihrer jeweiligen leibbedingten Wirkungen auf funktioneller und emotioneller Ebene bewirken. Diese werden stärker an den Leib herangeführt, beide Ebenen „interessieren" sich wieder mehr für ihre Leibesaufgabe, und somit können die freien Kräfte der funktionellen wie emotionellen Ebene neu dem Denken, der Phantasie, der Gestaltung des sozialen Umfeldes zur Verfügung stehen.

Heileurythmie im neurologischen Bereich

Zu einer Vielfalt von Therapiemöglichkeiten in der neurologischen Abteilung einer Klinik gehören auch die Kunsttherapien. Eine dieser Kunsttherapien ist die Heileurythmie.
Diese ist eine Bewegungskunst und eine Bewegungstherapie, die ihren Bewegungsansatz von der Sprachbewegung her nimmt. Die Luftformen der Sprache werden in der Eurythmie in eine Gebärdensprache umgesetzt und ausgedrückt, die mit den Armen und mit den Beinen und mit ganzen Rumpf ausgestaltet werden. Es entsteht eine sichtbare Sprache aus der hörbaren Sprache heraus.
Ein L ist aber stets ein sinnvoll gesprochenes L erst dann, wenn es etwas langsam und voll rund ausgesprochen wird (anders als beim F, wo eine Blasetätigkeit entsteht).

Schon in der gesprochenen Sprache haben wir verschiedene Nuancierungen, die jedem Wort zugrunde liegen.

1. Es ist zuerst die reine Lautform auf dem Ausatmungsstrom
2. Es ist die Flüssigkeit oder Stockung, wie dieser Sprachstrom gestaltet wird
3. Es ist die seelische Tingierung herauszuhören (ein Wort wird zart, liebevoll oder schneidend, kalt ausgesprochen)
4. Es ist ein Sinn auszumachen, welcher mit dem Wort gemeint ist

In der Gebärdensprache der Eurythmie haben wir ebenso mit vier Stufen zu tun.

1. Es entsteht die Lautform der jeweiligen Konsonanten und Vokale.
2. Der ganze Körper in seiner Bewegungsgeschmeidigkeit oder Sprödigkeit wird nun aufgerufen, die Lautform in einer Gebärde darzustellen.
3. Jede Gebärde hat eine seelische Ausdrucksfähigkeit.
4. Es entsteht eine gezielte Aussage der jeweiligen Gebärde.

Kehren wir nun zum nervenkranken Patienten zurück. Krankheit ist stets ein Ein- oder Unterbruch des natürlichen Selbstverständnisses:

1. vom körperlichen Befinden her
2. von seinen Lebensfunktionen her
3. in seinen emotionalen Ausdrucksmöglichkeiten
4. von seinen Möglichkeiten die Ich-Organisation als geistige Institution frei in körperlicher, Lebens- und emotionaler Ebene wirken zu lassen und einen harmonischen Zusammenklang aller drei eben Genannten herzustellen

Aus dem vorher stets gepflegten Dialog mit sich selber und mit seiner Umwelt, wird der Patient in einen Monolog zurückgeworfen. Von seinem Ich, seiner seelischen Fluktuation und seiner natürlich gegebenen Lebensfunktionen her, verstummt der Kranke. Er kann sich adäquat seiner Individualität nicht mehr äußern, ist aber in erhöhtem Maße darauf angewiesen Hilfe von außen anzunehmen. Es erliegt die Selbstbestimmung zum Teil. In jeder auch noch so zarten und geringfügigen Körperbewegung liegt das Bedürfnis nach Kommunikation. Der nervenleidende Patient ist in der Regel immer bewegungseingeschränkt.

Die Sprachformung und Sprachbewegung liegt in jedem Menschen seit seiner frühesten Kindheit zutiefst selbstverständlich verankert. Wird ihm nun in seiner krankheitsbedingten Bewegungsbehinderung vom Therapeuten angeboten, sich mit seinen eigenen Sprachbildungskräften im Gebärdenausdruck neu zu äußern, in diese Sprachbildung der Bewegungsbilder mit Freude und Phantasie einzusteigen, kann der erste Schritt aus der Vereinsamung des Monologdaseins herausgetan werden. Der Patient kann dem vielen „Hilfe annehmen" etwas entgegensetzen. Er lernt sich selbst neu zu begreifen. Sind beim Patienten durch die Multiple Sklerose die Beine gelähmt, so führt der Therapeut diese in der L- oder R- oder U-Gebärde, oder ein gelähmter Arm wird von dem Therapeuten auf diese Weise geführt und der Patient lernt auch mit gelähmten Gliedmaßen wieder sprechen. Wird dieses „Sprechen" über lange Zeit rhythmisch und regelmäßig geübt, so beginnt ein Dialog zuerst in der eigenen Leiblichkeit des Betreffenden selbst und von der

Bewegungsmöglichkeit hin zur Bewegungsempfindlichkeit bis hin zum Verständnis des Getanen. Damit geschieht ein besseres „sich-Auskennen-in-sich-selber“, ein besseres „neu-in-sich-selber-zurechtfinden“. Wenn dieses geübt wird, wird allmählich auch eine bessere Beziehung zum umgebenden Raum erübt. Erlangt der Patient eine Dialoggrundlage von sich selber hin zu seinem ihn umgebenden Raum, so macht er erste anfängliche Schritte auch zu einer Integration hin, auch wenn er Rollstuhlfahrer ist.
Alles Kunstschaffen auf dieser Welt ist eine Überhöhung der Natur durch den menschlichen Geist. Krankheit die Herausforderung an den eigenen Geist, die ewigen gesunden Schöpferkräfte wieder neu aufzugreifen. Für die Individualität gibt es kein „krank“ oder „gesund“. Da gibt es nur „Entwicklung“. Entwicklung vor allem auf geistiger Ebene, auf der Ebene, wo sich die Individualität befindet, geschieht nur am Widerstand.

Wo viel Licht ist, ist viel Schatten

zum Parkinson

Jedes Lebewesen, besonders der Mensch, ist von Beginn seiner Existenz an in Polaritäten gestellt:

Geist – Materie,
Tag – Nacht,
Wachen – Schlafen,
eigene Biographie – äußeres Zeitgeschehen etc. etc.

Für mich ist der Inhalt des Lebens, die Spannung zu halten und die Spannung ständig neu zu bilden, die zwischen Polaritäten waltet. Krankheit bedeutet ein Aufruf an die Individualität, aus Einseitigkeit heraus (nämlich die betreffende Krankheit) den Gegenpol zu erfahren, zu verlangen, zu gestalten, zu wollen oder sich dessen zumindest bewußt zu werden. Krankheit, besonders chronische Krankheit, ist nicht nur ein Reparaturschaden, der von außen repariert wird, sie ist auch eine Neubestimmung des Gleichgewichts oder des Spannungsverhältnisses zwischen Polaritäten.

Nun zum Parkinson: Hier entwickelt sich für meine Beobachtungen eine eigenartig starke Diskrepanz vom Ausdruck der Persönlichkeit hin zur körperlichen Struktur. Die Körperlichkeit steckt zutiefst in starren Formen. Der Bewegungsorganismus ist verlangsamt bis völlig erlahmt, ein emotionaler Antrieb kann oft nur von außen gegeben werden, verebbt aber meist schon nach kurzer Zeit. Dagegen haben wir es von der Persönlichkeit her oft mit einem blitzwachen, fein strukturierten, in seiner Empfindsamkeit äußerst regen Menschen zu tun. Oft, schon lange bevor sich die ersten neurologischen Anzeichen zeigen, zeichnet sich diese Persönlichkeit durch intensive Wahrnehmungsmöglichkeiten aus, die sie tüchtig, begabt und zuverlässig für ihren sozialen Umkreis wertvoll integriert erscheinen lassen. Aus mir bisher noch nicht ganz schlüssigen Gründen tritt dann irgendwann die Diskrepanz auf: Diese differenzierte Persönlichkeit kann sich über ihren Körper nicht mehr so äußern, wie es ihrem Seelenleben gemäß ist. Das

Licht im Innern kann Schwere und Schatten im Äußeren nicht mehr durchdringen.
Die Heileurythmie ist eine Bewegungstherapie, die aus der Kunsteurythmie hervorgegangen ist. Diese nimmt ihren Bewegungsansatz aus der Sprachgebärde und aus der Musikgebärde. Mit Hilfe der kleinen differenzierten Muskulatur von Lippen, Gaumen, Rachen, Zunge und vor allem mit Hilfe des Kehlkopfes gestaltet man den auszuatmenden Luftstrom in verschiedene Formen. Diese Formen werden in der Eurythmie zur Gebärdensprache, eine Gebärdensprache, die ebenso wie die gesprochene Sprache geistig-seelische Impulse der jeweiligen Individualität zum Ausdruck bringt.
Diese mit Armen und z. T. Beinen ausgeführten Lautgebärden sind sanft-intensiv, oft auch recht eindringlich. Der Parkinson-Patient, der wie ein feinsinniges Mäuschen in einem dunklen Gehäuse lebt, kann nun über diese Sprachgebärden wieder etwas von seinem eingemauerten Inneren nach außen hin vermitteln.
Wir gestalten die Behandlung in der Regel so, daß wir gehend oder sitzend zuerst mit Armen und Beinen einen Rhythmus schwingend oder klatschend ausführen. Ist der Patient bettlägerig, führe ich seine Arme selber in diesen Rhythmusbewegungen. Im weiteren Verlauf spreche ich dann einige Laute, und der Patient führt dazu die Gebärden, oder wenn die Spastik zu stark ist, bewege ich die Arme, anschließend auch die Füße in der entsprechenden Lautgebärde.
Wir haben gute Erfolge erzielt, indem wir vor der Heileurythmiebehandlung ein Equisetumbad angeordnet haben. Der Schachtelhalm hat durch seinen hohen Anteil an Kieselgehalt eine lösende und durchlichtende Wirkung auf die Körperlichkeit. In den meisten Fällen waren die Patienten nach einiger Zeit in der Lage, ihre Laute täglich selber für 15 bis 20 Minuten zu üben.
Abschließend ist zu sagen, daß die Patienten in der Regel diese Bewegungen gern ausführen; sie erlernen die Heileurythmie zwar neu, aber das was sie tun, ist ihnen zutiefst vertraut, denn die Sprache gehört zu unseren alltäglichsten „Gebräuchen“, ist aber auch gleichzeitig unser tiefstes Geheimnis. Das Kommunikati-

onsmittel „Sprache“ nun in die darstellende Gebärdensprache umzusetzen und damit eine „Zwiesprache“ mit sich selber zu halten, ist in den meisten Fällen ein lösender, ein erlösender Prozeß für diese Art von Patienten.

Nichts wird,
nichts ist, nichts bleibt im Himmel,
und auf Erden
als die zwei: das eine ist Tun, das andere Werden.

(Angelus Silesius)

Erfahrungsaustausch von Therapeuten und Ärzten nach der Einführung von Heileurythmie in einer neurologischen Klinik

Die Sprache dient dem Menschen
a) zur Begriffsbildung seines Gedankenlebens,
b) zur sozialen Kommunikation und
c) in Dichtung und Gesang zur Gestaltung seines emotionalen „Innenlebens".

In der Eurythmie als Gebärdenkunst wird nun der ganze Mensch Gebärdenausdruck dieser oben genannten Qualitäten.

In der Eurythmie als Kunst ist das Hauptanliegen, Sprache und Musik in die bildliche Sichtbarkeit zu bringen, also bewegte Plastik zu schaffen.

In der Heileurythmie ist das Anliegen, den einzelnen Laut, Vokal und Konsonant oder das einzelne Musikelement, Ton, Intervall etc. in seiner Entstehung und in seiner Ausführung

- als Bewegungstherapie einzusehen,
- in der Bewegung des gesamten Körpers zu gestalten und durch rhythmische Wiederholung mit dem funktionellen Körpergeschehen eng zu verbinden und
- die Entwicklung eines, die Bewegung stimmig begleitenden Gefühls hervorzurufen.

Ein Beispiel dafür:

Der Laut „L", wird sprachlich so gebildet, daß die Zunge sich an den Gaumen legt und die Luft in zwei Wirbel links und rechts der Zunge ausströmt. In der Heileurythmie werden beide Arme von innen nach außen in Kreisen auseinander und wieder zusammen geführt.

In dieser Klinik hier ist eine sehr gute und verantwortliche Krankengymnastik. Ich möchte an dieser Stelle betonen, daß die Heileurythmie keine Konkurrenz zur Krankengymnastik ist. Die Krankengymnastik hat ihre berechtigten Gesichtspunkte, warum ein Patient die Arme in zwei Kreisen bewegt. In der Heileurythmie gestaltet er diese „zwei Kreise-Bewegung" als den Laut „L", der

für ihn ein einheitlicher Begriff, der rhythmisch ausgeführt wird, ist:
Dieser Impuls beinhaltet ein Ausweiten und ein Verklingen. Bildlich verbindet er vielleicht mit etwas „Wässrigem" oder einer „Seerosenblüte" oder „Wasserschöpfen" und „Wasser wieder ausbreiten".
Damit komme ich zum Parkinson-Patienten zurück. Das Wesen der Krankheit ist ja eine selektive Stoffwechselstörung. Die biogenen Amine können nicht richtig gebildet werden; es kommt zu bedingten Bewegungsstörungen. Ich möchte nun auf die hauptsächlichen Symptome und auf die Heileurythmie eingehen.

1) Der Tremor

Dieser ist für mein therapeutisches Verständnis ein aus den Fugen geratener Prozess des sonst unbewußten Gebrauches von Agonist und Antagonist. Das natürliche Wechselspiel dieser beiden gerät in zwanghafte Verknüpfung. Nehmen wir dazu das eben besprochene „L". Rein äußerlich bewegungsmäßig wechseln Beuger und Strekker so ab:
Beugen – strecken – strecken – beugen.
Innerlich gesehen hat der Patient ein Gesamtbild vom Laut „L". Gestaltet sich dieses „L" nun noch besonders rhythmisch, so daß es wie ein immer größer werdender Quell sprudelt, also kleines „L" – etwas größeres „L" – ganz großes „L" – so kommt in die zwingend gewordene Tremorbewegung eine Bewegungssteigerung mit innerem Bildcharakter.

2) Der Rigor

Hier ist das Entspannen des nicht aktiven Muskels unmöglich geworden. Ein gewisser Endzustand ist eingetreten durch permanent erhöhten Tonus. Ein Medikament kann dieses Symptom bessern, führt aber zur Gewöhnung. Die Heileurythmie kann diesen Zustand wesentlich langsamer, aber nachhaltiger und nebenwirkungsarmer beeinflussen, durch konsequentes Üben aller angeordneten Lautbewegungen, insbesondere aber durch den Laut „M". Das „M" hat ja schon beim Sprechen selber eine sanfte, aber recht eindringliche Aussagekraft. In der eurythmischen Gebärde ist es der geschmeidigste Laut aus dem ganzen Alphabet. Rückwärts ausgeführt im Gleichklang mit der dazugehörigen großen Schrittbewegung löst diese Gebärde langsam den Rigor.

3) Die Akinese

Ich nenne die verschiedenen Formen der Akinese, die Sprachlosigkeit gegenüber dem anderen Mitmenschen, gegenüber dem Raum und der Umwelt und gegenüber sich selbst.
Ich habe gute Erfahrung mit den Stoßlauten des Alphabets einerseits und den Vokalen, besonders „A“ und „E“, andererseits gemacht. Bei den Schwierigkeiten mit der Sprache, die ja verwaschen, leiser und stimmlos wird, haben wir ein kräftiges „K“ mit dazugehörigem Schritt erübt.
Bei Schwierigkeiten mit der Feinmotorik war das „H“ recht hilfreich, was die Patienten übrigens alle stets lieben und gerne ausführen. Es kommt bei diesem Laut noch die Geistesgegenwart der Ausführung hinzu. Der Parkinson-Patient ist ja geistesgegenwärtig. Ihm fehlt nur der Ausführungsmoment. Hier hilft ihm der eigene Laut im Sinne einer freundschaftlichen „Überrumpelung“.

Die Vokale

Der Parkinson-Patient leidet unter „Zeitverlust“. Er hat ständig das Gefühl, keine Zeit zu haben (bestes Beispiel: Frau Soundso jammerte, um 9.00 Uhr habe sie Krankengymnastik, eine halbe Stunde lang, dann könne sie doch nicht um 11.00 Uhr für 20 Minuten in die Heileurythmie kommen).
Die Vokale benötigen schon in der Sprachbildung ein Anschwellen und Abklingen der Stimmhaftigkeit. In der Gebärdensprache ist dieses noch intensiver zu berücksichtigen.
Außerdem lasse ich die Vokale sehr stark im Gesichtsfeld gestalten, so daß die Winkelbildung der Arme beim „A“ oder die Kreuzung der Arme beim „E“ gut verfolgt und vor allem gut gefühlt werden können. Dabei können die Patienten aus unbegründeter Zeitnot in vollverantwortliches und befriedigendes Tun kommen.

Es ist hier noch der Aspekt der gleichzeitigen Beanspruchung, der bei allen nichtmedikamentösen Therapien eine Rolle spielt. Die Arme gestalten ein „A“ – der Patient geht dazu möglichst noch rückwärts – und er erlebt das Bilden einer Blüte, die sich langsam öffnet. Dieses „vollrunde“ Tun gibt ein Gefühl von der Beherrschung von Dingen, die für einen Patienten oft nur nacheinander ausführbar sind.
Trotzdem bin ich der Meinung, daß nicht für alle Patienten Heileurythmie eine gute Therapie ist (wie auch nicht Krankengymnastik, Schwimmen oder das therapeutische Reiten, was wir im Gemeinschaftskrankenhaus Herdecke noch zusätzlich haben).
Bei psychotisch überlagerten Krankheitsbildern z. B. können gerade diese Bilder nicht geeignet sein. Ebenfalls ist die Heileurythmie bei Mißbrauchpatienten problematisch. Ich habe bisher bei den typischen reinen Parkinson-Patienten die besten Erfolge gehabt, insbesondere bei denen mit Sprechstörungen.
Der Parkinson-Patient leidet psychisch-sozial an dem Verlust einer eigenverfügbaren Zeit- und Raumdynamik. Das Therapieziel der Heileurythmie ist:
a) Die Zeit durch rhythmisches Tun vom Therapeuten (in guter Koordination übermittelt) ein Stück weit wieder einzufangen.
b) Das Verhältnis vom Ich zum Raum kann meines Erachtens durch vermehrte innere, gefühlsgetragene Vorstellung während der Ausführung der Therapie verbessert werden.
Beides versucht die Heileurythmie zu vermitteln.

Kann Heileurythmie Sterbende begleiten?

Der Tod ist groß.
Wir sind die Seinen
Lachenden Munds.
Wenn wir uns mitten im Leben meinen,
Wagt er zu weinen
Mitten in uns.

Rainer Maria Rilke

Das sagt Rilke über den „Tod". Dem steht gegenüber im deutschen Sprachgebrauch „Ich sterbe". Der Sprachgebrauch spricht von „Ich wurde geboren" (passiv) und „Ich sterbe" (aktiv). Wir haben es also beim Sterben mit zwei entgegengesetzten Dingen zu tun: dem Tod.– „der immer weint, wenn wir es nicht erwarten" – und dem „Ich sterbe" oder „Ich gehe jetzt einen Weg". Hier kommen Zeit und Raum, das Fährschiff, in dem sich das Ich lange oder – wie bei Kindern – weniger lange bewegt hat, und das Ich selber, in Opposition. Das Gewahrwerden, daß mein Körper, meine Umgebung, meine Zeitstruktur in meinen Gewohnheiten – daß all dies von einem „jemand", nämlich dem Tod, in Anspruch genommen wird und mein eigentliches Zentrum, mein Wesen, mein Ich, dem gegenübersteht, erzeugt eine ungeheure Erschütterung des Bewußtseins. Bewußtsein heißt ja: „Ich weiß um mein Sein". Und dieses Wissen macht sich fest an den Erfahrungen, die ich mit Hilfe meines Leibes an dieser Welt gemacht habe. Wir können diese Erschütterung, die dieser Bewußtseinswandel mit sich bringt, nicht hoch genug ansetzen, und wir können nicht vorsichtig und einfühlsam genug mit unserer jeweiligen Beziehung zu einem Sterbenden umgehen. Wie stark dieser Bewußtseinswandel ist, können wir in unserem Leben üben, wenn wir uns verlieben und wenn wir eine wirklich echte Liebe mit allen Höhen und Tiefen durchmachen. Auch da verliert unser Alltagsbewußtsein seinen festen Grund und Boden. Es ist ganz auf sein „Gegenüber" gerichtet, es gerät aus seinen Gewohnheiten.
Dagmar Nick drückt dieses so aus:

Nachtwache

Ich will nicht deine Träume stören.
Die stummen Nächte bleiben dein.
Ich will nur deine Atemzüge hören
und bei dir sein.

Und wachen, weil des Mondes Schimmer
Dein Antlitz ganz veränderte,
Weil kaltes Licht das fremdgewordne Zimmer
Umränderte.

Und warten, bis ein Stern zersplittert.
Und hinter deine Stirne fällt.
Erwache nicht: es ist mein Herz, das zittert,
Weil es dich hält.

Im Konkreten begegnet uns die Frage: Wie stehen wir als Pflegende, Therapeuten und Angehörige diesem Bewußtseinswandel gegenüber?

Ich gehe von der Krankenhaus-Situation aus, wobei ich mich nur auf meine eigenen Beobachtungen stützen kann.

Ich habe vier Phasen des Sterbeprozesses festgestellt, die allerdings individuell, zeitlich und inhaltlich sehr unterschiedlich ablaufen.

1. Die Erkenntnis: Es gibt keinen Weg aus der Krankheit mehr heraus. Es geht auf das Lebensende zu.
2. Interessens-, Wahrnehmungs- und Bewußtseinsveränderungen. Tägliche Inhalte bekommen einen anderen Stellenwert.
3. Die letzten Schritte: Atemschritte, Übergangsschritte.
4. Die Endgültigkeit.

Zu 1.: Diese erste Phase geschieht meist im Gespräch mit dem Arzt oder oft auch in der Kunsttherapie.

Eine Beispiel: Eine Patientin, die seit mehr als drei Jahren – zuerst mit Asthma, dann mit Bronchial-Ca – immer wieder stationär bei mir war, sagte während einer Kugelübung zu mir: „Ich glaube, ich muß mich jetzt auf meinen letzten Weg begeben und die unnötigen Hoffnungen wegschieben. Ich halte sonst körperlich diesen letzten Weg nicht durch.“

Es stellte sich heraus, daß auch der behandelnde Arzt kurz zuvor über den Ernst der Situation mit ihr gesprochen hatte. Hier muß man als Nebenstehender (Therapeut, Pflegender, Angehöriger) sehr aufmerksam sein und nicht mit konventionellen Beschwichtigungen reagieren. Ich habe der Patientin gesagt: „Ja, ich denke, daß Sie es mit unser aller Hilfe gut schaffen, weil in der ganzen Krankheit so eine Würde von Ihnen stets ausging und weil Sie die Schönheit so lieben. Diese Liebe zum Schönen wird Sie nicht verlassen, da werden wir Ihnen helfen."

Zu 2.: Dann kommt die Hauptphase für die Beistehenden, nämlich die Bewußtseinsveränderungen. Das kündigt sich dadurch an, daß die Patienten plötzlich nach ungewohnten Dingen verlangen. Sie erinnern sich an ihre Kindheit und wollen Fotos oder Märchen oder Lieder hören. Sie wollen im Winter Eis oder eingelegten Kürbis essen, sie wollen einmal noch an einem Bach stehen und ihn rauschen hören. Ich habe da schon die merkwürdigsten Bitten gehört und mache mir in einem Fall Vorwürfe, weil ich aus Vorsichtsgründen eine Spazierfahrt durch den Herbstwald verweigert habe.

In dieser Zeit muß man mit dem Lagern aufmerksam sein. Der Patient hat oft Sehnsucht nach Aufrichte. Man sollte jedenfalls oft fragen, ob das Kopfende vielleicht doch für Momente steiler gestellt werden soll. In dieser Zeit muß man auch den Zeitpunkt der letzten Ölung, des letzten Abendmahles oder anderer Rituale der jeweiligen Religion abpassen. Kinder oder andere liebe Angehörige, die weit weg sind, werden jetzt angefordert zum Abschiednehmen. Oft kommt man auch in die Situation, eine Lebensbeichte abzunehmen.

Aus dem eben Geschilderten ersieht man, wie sich die Beistehender (ich fasse jetzt immer Pflegende, Therapeuten und Angehörige so zusammen) ganz mit ihren eigenen Intentionen und Vorstellungen zurücknehmen müssen. Sie müssen jedesmal, wenn sie das Zimmer betreten, ein Lauschender, ein innerlich Offener sein. Vielfach sind verständige Mitpatienten, die das Zimmer teilen, eine große Hilfe, um letzte Wünsche erfüllen zu können. Man kann diese oft die tägliche Heileurythmie mitmachen lassen, wenn es sich anbietet; es schafft eine ganz bestimmte Vertrautheit im Raum. Diese Heileu-

rythmie ist nicht lange und greift die Dinge auf, die vorher vielfach geübt wurden. Bei neuen Patienten, die in so einem Zustand übernomen werden, kann man einfache Dinge machen wie L und M zur Ein- und Ausatmung, Vokale zur Entängstigung, rhythmische Übungen zur Belebung der Verdauung. Da das eigentliche Wesen der Patienten in dieser Phase oft sehr von den Medikamenten überlagert ist, arbeite ich hier viel mit rhythmischen Kugelübungen. Einerseits hat der Patient etwas Festes in der Hand, andererseits wird sein Lebensleib durch jeglichen Rhythmus aus der medikamentösen Dumpfheit herausgeführt. Hilfreich ist ebenfalls die Musiktherapie in dieser Zeit.
Dann setzt manchmal schnell, manchmal sehr allmählich der Bewußtseinswandel ein. Das Alltagsbewußtsein schwindet. Tageszeiten gelten nicht mehr, Essen und Trinken gehen schwerer, Wasserlassen wird nicht mehr kontrolliert. Jetzt ist der Patient in der Regel alleine im Zimmer. Die Pflegemaßnahmen intensivieren sich, die Medikamente werden manchmal reduziert, manchmal wegen Schmerzen erhöht; dadurch wird die Kontrolle auch intensiviert. Der Patient spricht oft nicht mehr oder nur sehr wenig oder für uns verwirrt. Er kann auch verwirrt aufstehen. Für die Heileurythmie ist jetzt eine intensive Phase angebrochen. Alles, was je geübt wurde, wird jetzt getan, und ich habe nie eine Verweigerung erlebt, auch, wenn große Schmerzen durchlitten wurden. Geführte Bewegung wird jetzt dankbar aufgegriffen, weil oft auch große Unruhe der Arme, vor allem aber auch der Beine, mit diesem Zustand einhergehen. Da hat sich als sehr hilfreich erweisen, daß Einreibungen, Abwaschungen oder Fußbäder gemacht wurden.
Zu 3.: Jetzt muß jeder Begleitende wissen: er ist zu Gast. Ich weiß es nicht, aber aus meinen Beobachtungen ahne ich, daß der Patient für uns Begleitende „nicht ansprechbar" scheint, daß er aber ungeheuer wach wahrnimmt, was um ihn herum geschieht. So ähnlich, wie der Umgang mit Drogen Geräusche verstärkt, Licht vergrößert, Berührungen intensiviert, so ist der Patient jetzt seiner Umwelt ausgeliefert. Hier habe ich als sehr hilfreich empfunden, wenn Eukalyptustücher oder Rosmarintücher – feuchte Tücher – aufgehängt wurden und einen guten Duft im Zimmer verbreitet haben.

Ich habe in den letzten Jahren bei zwei Sterbenden lange Stunden gewacht und ihre quälenden Atemzüge verfolgt, und es hat ihnen geholfen, daß ich

- an den Fußsohlen Eurythmie gemacht habe,
- gelesen oder ein Lied gesummt habe und
- leise gesagt und intensiv gedacht habe: „Ich bewundere, wie Du die Geduld aufbringst, jeden Atemzug wirklich zu tun."

Ich hatte jedesmal das Gefühl, diese schweren Schritte sind Lichtschritte in eine andere Welt hinein.

Zu 4.: Dann kommt der Todesaugenblick, der merkwürdigerweise sehr oft in dem Augenblick geschieht, wo niemand im Raum ist. Dann – vor dem Waschen und Herrichten für die Aufbahrung – hat es sich als gut erwiesen, wenn die Pflege sich sammelt, mit einer Kerze hineingeht und Abschied nimmt, indem ein kurzes Stück aus der Bibel vorgelesen wird und – wenn ein Eurythmist in der Nähe ist – alle gemeinsam das „Halleluja" machen. Je nach Medikamenten ist der Tod dumpfer oder lichter gewesen. Auf alle Fälle hat der Patient jetzt das leibfreie Bewußtsein erlangt, d. h. er erlebt viel Licht um sich.

Und jenseits des Horizonts,
Wo die großen Vögel
Am Ende ihres Fluges
Die Schwingen in der Sonne trocknen,
Liegt ein Erdteil,
Wo sie mich aufnehmen müssen,
Ohne Paß,
Auf Wolkenbürgschaft.

Hilde Domin

Heileurythmie in der psychiatrischen Abteilung für jugendliche Erwachsene

Der menschliche Entwicklungsweg unterscheidet sich vom kreatürlichen Entwicklungsweg durch ein ständiges Schwingen zwischen Evolution und Devolution. Ist ein Entwicklungsschritt nach allen möglichen schwierigen Anstrengungen erreicht – tritt ein Stillstand ein, es folgt eine äußere Devolution oder Rückbildung, die gleichzeitig seelische und geistige Kräfte freiläßt. Kräfte, die früher, im Anfang der Kindheit organbildend und leibgestaltend wirkten, werden später auf seelischer Ebene frei, der Mensch wird schulreif und lernfähig; zu einem noch späteren Zeitpunkt werden sie geistig frei – der Mensch wird selbständig und sozialreif.

In der Jugendpsychiatrie haben wir es mit Menschen zu tun, die am Ende oder noch teilweise mitten in ihrer Adoleszenzphase sind.

In der vorangegangenen Pubertät fand auf körperlicher Ebene eine erneute intensive Organbildung, Organerweiterung und Organfunktionskräftigung einerseits sowie eine starke Gestaltungskraft des Körperbaus (z. B. Längenwachstum) andererseits statt. Die bereits früher erworbenen seelischen Kräfte geraten aufgrund der starken Leibestätigkeit in eine zum Teil heftige dynamische Bewegung. Die Seele will und muß ihre Erfahrungen in Gut und Böse, in Falsch und Richtig, in Liebe und Haß sowohl im eigenen „zu Hause“, d. h im eigenen Leib, als auch in der Welt und Umgebung machen.

Auf diese sehr heftige Leib- und Seelenzeit folgt nun die Adoleszenzzeit, in der die Herrschaft des Geistes oder des Ich langsam reifen sollte. In der Jugendpsychiatrie haben wir es mit Menschen in einer Schwellensituation zu tun. Der Mensch steht auf der Schwelle von Kind-, Schul- und Jugendreifung bis hin zum eigenständigen Erwachsensein.

Probleme, die zu einem Klinikaufenthalt führen, rühren also von diesem Stehen im Übergang her; von gewesener Arbeit an Leib und Seele, an Eigenwesen und Familienumgebung, an Vererbung und selbst Entwickeltem – bis hin zum Ergreifen seines eigenen Selbstes und der Welt auf „eigene Faust“

Das Ich oder die Individualität muß – besser darf – jetzt Gewesenes, Getanes verlassen und Neues ergreifen. Als Therapeut sehe ich meine Rolle als Weggenosse dieser Ichfindung. Ich kann nicht beurteilen, was in der Vergangenheit gut oder schlecht war, ich kann nur beim Anschauen der Vergangenheit behilflich sein, was die jeweilige Individualität aus den Gegebenheiten bisher gestaltet hat. Ich kann auch als Therapeut nicht für die Zukunft raten, weil weder der Patient noch ich die Zukunft wissen. Also bin ich Weggenosse im Jetzt, im Augenblick.

In der Heileurythmie haben wir es nun mit der Bewegungstherapie zu tun, die die drei spezifisch menschlichen Grundbewegungen wieder aufgreift, nämlich Geh-Bewegung, Sprach-Bewegung und Denk-Bewegung. Man muß hier noch etwas genauer auf die Sprachbewegung eingehen. Die Sprache formt sich aus den Grundelementen von Vokal und Konsonant, die rhythmisch miteinander verbunden zu Bewegung und Sinn führen. Die Heileurythmie greift diese Grundelemente, die von kleiner Muskulatur in der Kehlkopf- und Mundorganisation gebildet werden, auf und führt sie mit der großen Muskulatur des ganzen Leibes wie Arme, Beine und Rumpf aus. Hierbei finden wir das anfänglich erwähnte Bildungsprinzip (Organbildeprozesse) durch die Vokale oder die Ausatmung oder albuminisierenden Prozesse mehr in der glatten Muskulatur, die gestaltgebenden Kräfte durch die Konsonanten, die Einatmung oder antimonisierenden Kräfte in der quergestreiften Muskulatur.

Als großes, übergreifendes Therapieziel hat die Heileurythmie hier in der Jugendpsychiatrie die Wegbegleitung zur Findung von Zentrum und Umkreis gewählt. Die Anregung wird der Übung für den Heilpädagogen von Punkt und Umkreis aus dem heilpädagogischen Kurs von Rudolf Steiner entnommen[3]. Zentrum bedeutet hier Heilung, Ausgleichung oder Stärkung des Leibes, der physischen Organisation; Umkreis bedeutet den Bezug der Person zu seiner Lebenswelt, zum Raum, in dem sie lebt, und die Entwicklung des Interesses an der Welt.

---

[3] Steiner, Rudolf: Heilpädagogischer Kurs; GA 317

Wie schon oben erwähnt, versucht die Individualität im Lebensabschnitt der Adoleszenz aus dem gewordenen physischen Leib die eigenständigen Zukunftsperspektiven zu ergründen. Ich-Kraft ergreifen heißt, die ständige Dynamik zwischen Punkt und Umkreis zu schaffen und zu beherrschen.

Aus dem Gesagten ergibt sich, daß

1. die Heileurythmie einmal intensiv mit heileurythmischen Lautbewegungen, mit Raumformen, mit Stabübungen etc. an der Gesundung des Leibes des Patienten arbeitet (physiologische Ausgestaltung), und
2. dann aber pädagogisch-künstlerisch jeweils ein Gedicht, ein größerer Spruch oder ein Musikstück erarbeitet wird, um Interesse für den Umkreis zu erwecken (pädagogische Ausgestaltung).

Erste Möglichkeit:

Hier sind die bildenden, albuminisierenden und gestaltenden, antimonisierenden Kräfte das Leitziel. Haben wir also die Diagnose ‚Anorexia' oder ‚Zwangssymptomatik' von einem Patienten erhalten, werden wir prüfen, ob – was wahrscheinlich ist – die gestaltenden Kräfte vorherrschen, ob sie im Seelischen so stark ergriffen und auf das Leibliche fortgeführt wurden, daß es zur physischen Austrocknung kommt. Es gilt, bei beiden Diagnosen die Bildekräfte, die Vokalkräfte oder Ausatmungskräfte, anzuregen, stark zu machen und zur vollen Entfaltung zu bringen. Man kann aber nur da mit der Bewegungsarbeit anfangen, wo der Patient steht, also bei den Einatmungs- oder Konsonantenkräften – den antimonisierenden Kräften. Diese greift man auf und versucht sie gleich rhythmisch differenziert zu bewegen.

Zweite Möglichkeit:

Wenn die Gestaltungskräfte zu lange und zu sehr auf die junge suchende Individualität gewirkt haben, fehlt meistens auf seelischer Ebene die Phantasie, die seelische Ausatmung und das Interesse an der Welt. Die Gedichte, die zu erarbeiten sind, werden mit dem Patienten zusammen nach Jahreszeit, Tagesablauf (Abend und Morgen) oder speziellem Dichterinteresse ausgesucht. Dem weiteren Aufbau der Arbeit liegen in der Formgebung dionysische und grammatikalische Gesichtspunkte zugrunde, die Lautgestaltung wird nach Vermögen der jeweiligen Person möglichst vokalisch erarbeitet. Der Inhalt der Gedichte sollte tief in der Seele nachempfunden werden und in strömender Bewegung zum Ausdruck gebracht werden.

Physiologisches Wirken
Die bildenden, ausatmenden, albuminisierenden Kräfte beherrschen den Leib, und somit ist die Seele nicht frei für eigentliche Aufgabenstellungen. Auch hier wird der Patient abgeholt, wo er steht, bei den Vokalen. Sie werden durch Verkleinerungen an den Leib herangedichtet, sie müssen mit seelischem Impetus gestaltet werden, damit die Konsonanten darin in Bildgestalt, mit Kraft ergriffen werden können.

Pädagogisches Wirken
Die Individualität lebt zu sehr in der Umwelt, läßt sich von „Außen" beherrschen oder vergewaltigen. Die zu erarbeitenden Texte oder Musikstücke müssen ergriffen, nach realem Gehalt untersucht und gestaltet werden.

Die Heileurythmie sowie die hygienische Eurythmie bringen an den Patienten einen absoluten Wahrheitsgehalt – vermittelt durch den Therapeuten – heran, und zwar aus zwei Gründen:

Schon in embryonaler, später Kleinstkind-Entwicklung formen die Kräfteprinzipien von Vokal – eiweißwandelnd und bildend – und von Konsonant – organformend und gestaltbildend – die physische Organisation. In der Sprachbewegung werden diese Kräfte frei zur sozialen Kommunikation, in der Denkbewegung verfügt die Individualität frei über Phantasie und Ordnungsgesetze.

1. Bildet oder gestaltet der Patient einen Vokal oder Konsonanten – später den Sinn eines Satzgefüges oder gar eines Gedichtes – so erinnert er seinen Leib an seine ursprüngliche Gestaltung und Bildung.
2. Der vom Therapeuten gesprochene Laut, Satz, Gedicht oder der musizierte Ton und die vom Patienten zur gleichen Zeit ausgeführten Bewegungen haben so einen großen Evidenzcharakter –

einen direkten Wahrheitsgehalt, der unmittelbar von der Willenstätigkeit ausgeführt wird –, so daß eigentlich „keine Krankheit mehr Platz hat"!

Die Individualität auf der Schwelle der Jugenpsychiatrie kann mit Hilfe ihres Weggenossen, den Therapeuten, aus der realen Vergangenheit in die reale Zukunft greifen – gleichzeitig aber mit Freude, Phantasie und Liebe zur Sache die Gegenwart bejahen.

Stufen

Wie jede Blüte welkt und jede Jugend
Dem Alter weicht, blüht jede Lebensstufe,
Blüht jede Weisheit auch und jede Tugend
Zu ihrer Zeit und darf nicht ewig dauern.
Es muß das Herz bei jedem Lebensrufe
Bereit zum Abschied sein und Neubeginne,
Um sich in Tapferkeit und ohne Trauern
In andre, neue Bindungen zu geben.
Und jedem Anfang wohnt ein Zauber inne,
der uns beschützt, und der uns hilft zu leben.
Wir sollen heiter Raum um Raum durchschreiten.
An keinem wie an einer Heimat hängen.
Der Weltgeist will nicht fesseln uns und engen.
Er will uns Stuf' um Stufe heben, weiten.
Kaum sind wir heimisch einem Lebenskreise
Und traulich eingewohnt, so droht Erschlaffen;
Nur wer bereit zu Aufbruch ist und Reise,
Mag lähmender Gewöhnung sich entraffen.
Es wird vielleicht auch noch die Todesstunde
Uns neuen Räumen jung entgegen senden,
Des Lebens Ruf an uns wird niemals enden ...
Wohl an denn, Herz, nimm Abschied und gesunde!

Hermann Hesse, aus „Glasperlenspiel"

Kasuistik

Die Patientin B, ist 29 Jahre alt, kam zu mir in die Behandlung. Auf der Station für Jugendpsychiatrie war sie bereits längere Zeit, jedoch war sie so untergewichtig und auffällig in ihrem Bewegungsdrang, daß man erst später eine heileurythmische Behandlung anordnete. Vor dem stationären Aufenthalt auf unserer Station war die Patientin einige Zeit zu Hause, davor befand sie sich bereits sechs Monate lang auf der psychisch-somatischen Abteilung. In dieser Zeit hatte die Patientin bereits Toneurythmie in der Gruppe.
Die Patientin ist groß, gut gebaut, d. h. Ober- und Unterkörper stehen in einem ausgewogenen Verhältnis zueinander. Sie ist sehr dünn. Ihr Kopf ist in einem normalen Verhältnis zur Figur. Durch die eingefallenen, mageren Wangen tritt die Kinn- und Mundpartie stark hervor. Das Haar ist aschblond, strohig und meist abstehend. Die Haut am ganzen Körper ist trocken und schuppig. Meistens hatte sie wunde aufgerissene Hände, da ihr Bewegungszwang sie ständig waschen und putzen ließ. Hände und Füße sind sehr groß und erschreckend knochig, die Hände machen einen alten, lang schon gelebten Eindruck. Der Händedruck bei der Begrüßung ist hart und energisch. Die Patientin war ständig am ganzen Körper kalt, besonders an Händen und Füßen.

Bewegungsbild

Der erste Bewegungseindruck war stockend, überspannt und überstreckt. Sie setzte jede Bewegung ruckartig an, führte sie schnell und hart aus und ließ sie in kleiner Ausführung, am Körper angepreßt, vehement und plötzlich enden.
Nach wenigen Übungstagen stellte sich heraus, daß sie keinerlei Gedächtnis an früher geforderte Bewegungsabläufe zeigte, und daß ihr jedwede Bewegung nach rückwärts gänzlich unmöglich war. Da Frau B. aber schon von der frühe Tonheileurythmie her sehr motiviert war, kam sie jedesmal mit großer Freude an der Bewegung überhaupt – und mit relativer Hoffnungsbereitschaft in die Behandlung.

1 Abschnitt

In der ersten Zeit hatte Frau B. 16 Behandlungen von je einer halben Stunde. Wir begannen jede dieser Behandlungen mit einer Gleichgewichtsübung:
Stehend von: Mitte – Hinten – Vorne (dreimal), daran anschließend eine Schrittübung, das sogenannte 3-teilige Schreiten, bei der Armbewegung und Fuß-Schreitbewegung in koordinierender Weise miteinander geübt werden. Hierbei bereitete das rückwärtige Schreiten – die Konzentration auf die Koordinierung, die Bewegung der Arme und Füße in ein langsam gezähltes Zeitmaß: 1 – 2 – 3 einzufügen –, sehr große Schwierigkeiten. Diese konnten jedoch im Laufe der 2½ Monate recht gut abgebaut werden.
Anschließend wurde – auch jedesmal wiederholt – eine Übung mit einem Kupferstab, die sogenannte „Wasserfall-Übung" erarbeitet. Hierbei handelte es sich um ein schnelles Bewegen des Stabes im Herunterführen zur Erde; weit ausholend über den Kopf wurde der Stab hinten auf den Nacken aufgelegt, losgelassen und geschickt sehr schnell am Ende des Rückens, wieder aufgefangen.
Beugen – Schnelligkeit –, flüssige Bewegung und Geschicklichkeit im nicht sichtbaren Körperbereich, im Rücken, ist hier das Bewegungsziel, das Frau B. zuerst schwer erobern konnte, das ihr aber am Ende gut gelang.
Nach dem bisher Ausgeführten und dem Eindruck von Frau B. war eindeutig, daß das Kräfteverhältnis von albuminisierenden und antimonisierenden Polen im Ungleichgewicht ist. Frau B. stand in ihrer ganzen Konstitution auf der Seite der Überformung, der Übergestaltung bis hin zur Verhärtung aller Lebensfunktionen. Nahrung kann kaum aufgenommen und noch weniger verarbeitet werden. Absonderungen wie Schweißbildung und Menstruation waren seit langem nicht mehr möglich.
Die Heileurythmie setzt in diesem Fall bei den stark ausgebildeten antimonisierenden, gestaltgebundenen Einatmungskräften, bei den Konsonanten an.
Wir arbeiteten zuerst stehend an den Lauten L und M. L – eine fließende, in den Umkreis greifende und zu sich zurückkehrende Bewegung, die durch ihren rundenden Bewegungsfluß ganz schwer

für Frau B. auszuführen war, da sie ja ihre Arme zu dem Zeitpunkt fast überhaupt nicht beugen konnte. Anschließend wurde das M ausgeführt, eine auf horizontaler Ebene verlaufende, pendelnde Bewegung, die die Patientin in schneller Weise in ein – wenn auch anfänglich stockendes – Zeitmaß einfing. In der dritten Behandlung erarbeiteten wir uns als Raumform eine Acht frontal gelaufen. Frau B. begann von mir aus gesehen hinten rechts, blieb auf dem Kreuzungspunkt der Lemniskate stehen, vollendete den vorderen linken Viertelbogen, blieb wieder stehen und machte sich bewußt, daß sie ab jetzt den zweiten Teil der Form rückwärts laufend gestalten mußte. Auf dem Kreuzungspunkt wurde erneut angehalten und dann die Form vollendet. Anschließend wurden zu dieser im Raum gelaufenen Form mit den Armen die Laute L und M ausgeführt und zwar so, daß auf den Haltepunkten stehend das M und auf den viermal gelaufenen Bögen das L ausgeführt wurde.
Dieses wurde nach den Anfangsübungen während zwei Behandlungen geübt, und es stellte sich eine Durchwärmung und Belebung der Hautfarbe der Patientin ein. Der Konsonant aktiviert ja seine Kräftewirkung vornehmlich in der quergestreiften Muskulatur, was man hier deutlich wahrnehmen konnte. Der nächste Arbeitsgang war dann, langsam auf die bildenden, albuminisierenden, ausströmenden Kräfte, auf die Vokale, überzugehen. Dazu erarbeiteten wir uns eine neue Raumform, die aus den Gesetzmäßigkeiten des menschlichen Körperbaus abgeleitet wurde.

1. die Patientin stand, stellt den rechten Fuß vor und vollzog in Gedanken eine Linie von Kopf bis zu dieser Fußspitze.

2. dann von der rechten Fußspitze bis zur linken, ausgestreckten Hand,

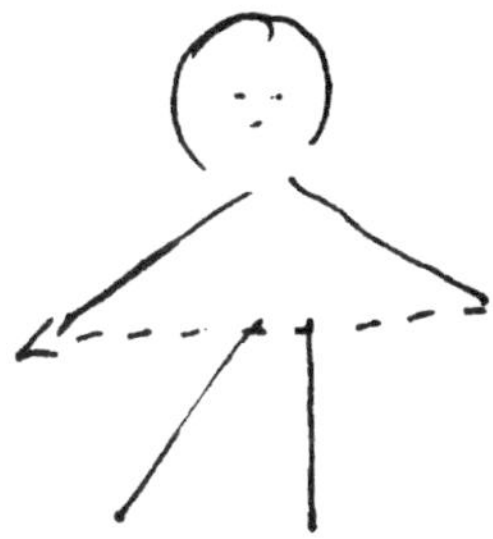

3. weiter von der linken Hand zur rechten Hand,

4. sodann von der rechten Hand zum linken Fuß und von dort aus wieder

5. zum Kopf zurück.

Es entstand das Pentagramm an der eigenen Gestalt. Bei diesem Aufbau war erstaunlich, wie schnell Frau B. sich der Realitäten von Oben-Unten = Kopf-Fuß und von Rechts-Links bewußt wurde. Nach der zweiten Arbeit am Pentagramm fragte sie, ob sie wirklich so dünn sei, wie sie sich empfinde!

Dieses Pentagramm – an der eigenen Gestalt entwickelt – wurde dann in den Raum projiziert und gelaufen, beginnend bei der Spitze des Kopfes.
Hierbei kommt die dritte Dimension zum Bewußtsein.
Die Wege gestalten sich:

1. vom Kopf herunter, vorwärts zum Fuß
2. vom Fuß schräg hinter aufwärts zur Hand
3. von der Hand gerade herüber zu anderen Hand
4. von der Hand wieder herunter zum Fuß
5. und vom zweiten Fuß rückwärts-aufwärts zum Kopf zurück.

In einer darauf folgenden Behandlung wurde mit den Armen zum Laufen dieses Pentagramms ein A gestaltet, also die bildende, ausatmende Kraft dazu genommen. Dieses wurde als sogenannter ‚Zappeljambus' gestaltet, d. h. auch die Arme bildeten nicht nur einfach die Geste A, sondern formten diese im jambischen Impuls.
Gegen Ende dieser Behandlungsepoche war die ganze Übung so gestaltet: das Pentagramm wurde von Spitze zu Spitze mit dem A im Jambus gelaufen. Auf der Spitze wurden das L und M stehend ausgeführt.
Parallel zu dieser Arbeit am Leibe, am Punkt, wie vorher ausgeführt wurde, arbeitete Frau B. an der eurythmischen Ausgestaltung des Gedichtes „Der Abend" von Christian Morgenstern. Sie hat dieses Gedicht vor einem kleinen Kreis von Mitpatienten und Mitarbeitern in Eurythmiekleid und Schleier zur Aufführung gebracht.

Auswertung

Frau B. bekam im Laufe der Zeit eine bessere Haut in Farbe und Konstitution. Ihre Haare wurden voller und legten sich geschmeidiger um den Kopf. Die Muskulatur der Arme und Beine entspannte und erwärmte sich. Sie konnte vor allem in der Ausgestaltung des Gedichtes mit Schritt- und Lautgestaltung – in den rückwärtigen Raum greifen.
In der Ausführung des stehenden M erlangt der Körper eine spezifische Beugung von Oberkörper zu Unterkörper. Dadurch wurde für Frau B. eine Durchwärmung und Entspannung des Unterleibes ermöglicht.

Zweite Behandlungszeit

Frau B. hatte erneut eine Heileurythmieepoche. Wieder wurde sie zweimal in der Woche für eine halbe Stunde zu gemeinsamen Arbeit bestellt. Aus den Vorübungen – neue Gedichtgestaltung etc. – möchte ich jetzt nur auf den neuen Griff in der Gestaltung von Konsonanten und Vokalen eingehen.

Da sich Frau B. im sozialen Umfeld wie auch körperlich weiter positiv entwickelt hatte, galt es, nun bei dieser neuen Behandlung die albuminisierenden, bildenden und durchflutenden Vokalkräfte so gezielt zu aktivieren, damit sich über die Wirksamkeit der glatten Muskulatur die inneren Organe zum Hormonhaushalt des Organismus in ein intensiveres, richtiges Verhältnis setzen konnten.

Wir arbeiteten den Laut L (gestaltgebend, einatmend) so, daß wir ihn in Arm- und Beingestaltung rhythmisierten:

1) kleines L – 1 Schritt
   großes L – 2 Schritte
   ganz großes L – 3 Schritte
   dann stehend das I (bildend-ausatmend)
2) rückwärts:
   kleines M – 1 Schritt
   größeres M – 2 Schritte
   ganz großes M – 3 Schritte
   stehend: E
3) vorwärts:
   kleines S – 1 Schritt
   größeres S – 2 Schritte
   ganz großes S – 3 Schritte
   stehend: O
4) rückwärts :
   kleines R – 1 Schritt
   größeres F – 2 Schritte
   ganz großes R – 3 Schritte
   stehend: U

Auswertung

Die Konsonanten, die gestaltenden, antimonisierenden Kräfte, jetzt in stark rhythmisch bewegter, wirklich umkreiserweiternder Art ausgeführt, ermöglichten jetzt der Gestaltung der Vokale I – E – O und U Substanz und Bildekraft zu verleihen. Das Ergreifen des rückwärtigen Raumes bewirkte jetzt bei der Patientin ein normales Wach-Schlafverhältnis im 24 Stunden-Rhythmus. Die Patientin konnte wieder schlafen, sie konnte frieren und schwitzen, sie konnte essen und trinken und vieles mehr. Sie ist in die Loheland-Gymnastikausbildung gegangen. Für alle Anorexie-Patienten, ganz besonders aber für Frau B, gilt ein Ausspruch von Wolfdietrich Schnurre:

„Merke, an Gott muß nicht nur geglaubt,
es muß auch an ihm gearbeitet werden.“

Das Immunsystem, sein Bezug zu den vier Vitalsinnen und die Heileurythmie als eine Therapiemöglichkeit bei Immunmangel-Syndrom

1. Genereller Teil

Bei der Beschäftigung mit dem Wesen der Krankheit war die enge Zusammenarbeit mit dem zuständigen Arzt dieser Patientengruppe hilfreich sowie die Auseinandersetzung mit seinen schriftlich formulierten Hypothesen.

AIDS wird nach heutiger Auffassung durch ein Virus „verursacht". Dieses Virus dringt in den Körper – den Wirt – ein, die Reaktion des Körpers ist der Versuch, es unschädlich zu machen. Jedoch gerade diese Abwehrreaktion des Körpers ist offenbar eine der wesentlichen Bedingungen zur weiteren Ausbreitung des Virus. Die Immuntätigkeit wird zum krankmachenden, zerstörenden Faktor; vergleichbar der Situation bei autoaggressiven Erkrankungen. Dieser Zustand des Ausgeliefertseins, des „Sich-nicht-wehren-Könnens", ist das, worauf der Betroffene mit Angst reagiert.

Nun ist jede Krankheit dadurch gekennzeichnet, daß das Individuum sich einer Situation im eigenen Körper bewußt wird, die es zunächst nicht mehr auf intentionaler und seelischer Ebene nachvollziehen kann. Dadurch aber, daß im Fall der HIV-Erkrankung auf körperlicher Ebene ein Zerfall der Abwehr- und Ausgleichskräfte einsetzt, ist die Hilflosigkeit der Individualität besonders ausgeprägt.

Schon im Stadium I ist eine Diskrepanz zwischen Persönlichkeit und Diagnose zu beobachten. Zwar wird auf die Diagnose mit Betroffenheit reagiert, nicht selten dann aber mit Verdrängung dieser Tatsache.

Gehen wir davon aus, daß ein Körper auf pflanzlicher Ebene vom Leben durchzogen ist, auf tierischer Ebene nicht nur vom Leben, sondern auch mit Empfindungsimpulsen versehen ist, und schließlich auf menschlicher Ebene – zur Lebens- und Empfindungsmöglichkeit sinngebende Intentionalität hinzukommt, so ist in der Si-

tuation eines HIV-Positiven oder AIDS-Kranken von einer Schwäche des Zusammenwirkens von Menschenbestimmender, strukturgebender Intentionalität und den übrigen Ebenen des Körpers zu sprechen.
Es tritt die Frage auf: Setzt dieser Zustand erst durch die Diagnosestellung ein, weil die Menschheit dieser Krankheit bis heute hilflos gegenübersteht, oder bestand schon vor der Diagnose, vor dem Ausbruch der Krankheit, eine Konstitution, in der sich Intentionalität – oder Geistiges und Seelisch-Empfindungsmäßiges – nicht genügend mit der von Leben durchzogenen Körperlichkeit verbunden haben?
Hat es möglicherweise biographische Einbrüche im Leben der Betroffenen gegeben, in denen die regelrechte Ausgestaltung der Körperlichkeit durch individuelle Gestaltungsarbeit behindert wurde?
Diese Fragestellung konfrontiert uns mit der Notwendigkeit, uns mit dem Zusammenwirken von Zeit und Raum zu beschäftigen. Die Tatsache, daß zwischen Infektion und Ausbruch von AIDS eine meist unbemerkte Latenzzeit liegt (10, 15 Jahre), ist ein Zeichen, daß die Zeit in der Biographie der Betroffenen eine große Rolle spielt. Bei dem körperlichen Zerfall im „AIDS-Stadium" haben wir es mit Auflösungs- und Zersetzungserscheinungen, mit beschleunigten Zeitzuständen im Körperlichen zu tun: Stillstand und beschleunigte Entwicklung bringt diese Krankheit hervor.

Stillstand

Die Zeit kümmert sich nicht mehr um die Zeit.
Vor den Fortgang der Zeit war ein Fels gerollt.
Unverrückbarer Stein auf der Ader der Zeit.
Unverrückbarer Fels vor dem Grabe der Seele.
Die Zeit schwillt unter dem Stein.
Drohende Blutgeschwulst.
Die Seele rüttelt am Fels.
Nahender Angsttod –
ächzender Angstriß.
Durch das Eis der Seele
Durch die gefrorene Seele
Hinter dem versperrten Grabtor
Im Dunkeln.

Michael Kelch

Erfahrungen aus mehrjähriger Tätigkeit im Umgang mit HIV-Patienten

Wir haben die Ansicht, daß bei jeglichem Krankheitsgeschehen die Individualität sich einem typologischen Geschehen unterwirft, um sich beim Durchgang durch den oder jenen Krankheitstyp in ihrer individuellen Kraft zu erstarken, ja zu erhöhen. So sei es hier erlaubt – bei allem Stehenlassen individueller Prägung jedes einzelnen Patienten – einige typologische Merkmale, die diesem Krankheitsgeschehen unterliegen, anzuführen.

Die von der Krankheit Betroffenen sind auffallend häufig Menschen, die im „Feingeistigen" leben. Es sind oft Menschen in akademischen oder künstlerischen Berufen, wohlgemerkt hier in Europa (in Amerika finden wir ja viele Betroffene in den sog. Randgruppen der Gesellschaft, die Situation in Afrika soll und kann von hier nicht beurteilt werden).

Bei den Kranken sind es also häufig äußerst differenzierte Menschen von ihrer Bildung her mit ausgeprägten ästhetischen Interessen.

Im alltäglichen Umgang aber zeigt sich öfter eine merkwürdige Gleichgültigkeit, Beziehungslosigkeit und Unverbindlichkeit gegenüber der Welt, gegenüber Menschheitsfragen und Welterleben.
In der Regel haben die Patienten einen leichten, oft hüpfenden Zehengang: die Gebärden mit den Armen werden überstreckt und weit entfernt vom Körper gestaltet. Eine durchgehend ruhige, aufrecht stehende Gestalt ist häufig nicht möglich, da, im Bereich der Lendenwirbel abgeknickt, der Oberkörper zu stark nach hinten verlagert wird. Die Menschen haben es schwer, sich Bewegungsabläufe zu merken und zu erinnern. Sie sind zwar stark auf den Therapeuten fixiert, können ihre Nachahmung aber nicht auf natürliche Weise betätigen. Der Bewegungsstrom selbst ist in der Regel flüssig, ausfließend, unbekümmert, ungehemmt und frisch drauflos – aber nicht kontrolliert. Nach eigener langjähriger Erfahrung mit Magersucht-Patienten konnte ich beobachten, daß der Bewegungsstrom diesem Krankheitsbild ganz entgegengesetzt, das seelische Verhalten aber recht ähnlich ist: auch Magersüchtige haben kein Bewegungsgedächtnis, keine Erinnerung an schon Geübtes. Während der Magersüchtige aber zögernd, stockend, schwer in den Bewegungsfluß kommt, ist beim AIDS-Kranken ein Stehen, Verlangsamen und Führen der Bewegung schwer zu erreichen. Versucht man, Korrekturen anzuregen, wird willig „Ja“ gesagt, es ist jedoch schwer möglich, die Bewegung vom Therapeuten nachahmend zu übernehmen, innerlich vorzustellen und dann durchzuführen. Erschwerend für eine solche Form der „seelisch-verlebendigten Bewegung“ ist dabei das Fehlen des rhythmischen Gefühls (selbst ausgebildete Musiker können nicht zeitlich differenziert arbeiten). Die Auflösung des Zeitlichen im Bewegungsablauf (Rhythmus) herrscht vor.
Ein in der Regel jugendliches Erscheinungsbild prägt das Auftreten dieser Menschen. Beim Anschauen der Biographie ergibt sich häufig, daß tiefgreifende schmerzliche Erfahrungen in der Kindheit und Jugend nicht durchgelebt werden konnten, sondern verdrängt wurden. Ebenso konnte Freudvolles-Lustvolles nicht in tiefliegende Gemütskräfte verwandelt werden.

Einerseits entsteht hier die Frage nach den Möglichkeiten für den Menschen, seelische Höhen und Tiefen zu verarbeiten, wenn physisch die Abwehrkräfte darniederliegen, andererseits kann ein intaktes Immunsystem nur aufgebaut werden, wenn zur rechten Zeit die Seele in Schmerz und Freude ausgebildet und geübt wurde. Dazu zwei Zitate:

„Mit einer Kindheit voll Liebe kann man ein halbes Leben hindurch für die kalte Welt haushalten." (Jean Paul)

„Erwachsen sein heißt: Vergessen, wie untröstlich wir als Kinder oft gewesen sind." (Heinrich Böll)

Im täglichen Umgang, im Therapieraum oder am Krankenbett haben sich Erfahrungen wiederholt, die hier zusammenfassend dargestellt werden sollen:

a) Das Betreten des Therapieraumes ist in den meisten Fallen durch lautes, hartes Klopfen und geräuschvolles Eintreten gekennzeichnet.
Der Händedruck ist entweder hart oder nur mit den Fingerspitzen berührt. Bei ersten anfänglichen Raumformen erlebt man eine Verlorenheit der Gestalt dem Raum gegenüber.

b) Trotz Kaposi-Sarkom oder Ekzmen erlebt man die betroffenen Patienten in einer gewissen Unverbindlichkeit zu diesem Körpergeschehen, meist in nicht angemessener, äußerlicher Betriebsamkeit: in der Bewegung ist hier z. B. die erwähnte, oft hektische Überstrecktheit der Armgebärden zu finden.

c) Werden die Anforderungen im Laufe des Therapiegeschehens intensiver, merkt man eine Hilflosigkeit im Differenzieren sowohl des äußeren Bewegungsablaufes als auch der Zeitgestaltung. Vergrößerungen oder Zurücknehmen von Bewegungsvorgaben werden nicht oder nur abgehackt, abrupt, ohne Steigerung oder Minderung (sowohl in der Gestalt als auch in der Intensität) ausgeführt. Wie schon oben erwähnt, fällt allen Patienten die rhythmische Führung schwer.

d) Weiter kann festgestellt werden, daß wenig Wahrnehmung möglich ist, von den Bewegungen zueinander wie auch von der eigenen, bewegten Gestalt. Das Abknicken im Bereich der Lendenwirbel beim Stehen wurde bereits erwähnt. Darüber hinaus ein Unverhältnis bei Gehübungen im Raume es wird nach vorne „gestürzt", nach hinten zaghaft, verhalten geschritten. Bei bettlägerigen Patienten ist eine Orientierungslosigkeit im Raume im Hinblick von Oben und Unten zu beobachten.

Erläuterungen und Auseinandersetzungen der vier Vitalsinne in Bezug auf das Immunsystem

Wie oben angesprochen, gehen wir als Therapeuten davon aus, daß Gesundsein und Krankwerden zum einen eine Auseinandersetzung der körperlichen Grundlage des Menschen mit Raum und Zeit ist, und andererseits ein Einwirken des Intentionalen in Verbindung mit Emotionalem (geistig-seelischem Zeitlosen) in die Körperlichkeit hinein. In bezug auf die Immunität heißt das, hier schafft sich die Individualität aus zeitloser, geistig-seelischer Konfiguration eine körperliche Grundlage, um ihr individuelles Wesen zu verwirklichen. Oder anders formuliert: Immunität ist die Arbeit des zeitlosen Individuums, um sich aus der räumlich-zeitlichen Körperlichkeit eine menschengemäße Wirkungsstätte zu bilden. In den ersten drei Lebensjahren des Menschen geschehen in der räumlichen Körperlichkeit drei fundamentale Entwicklungen der Individualität: der Erwerb der Aufrechten und damit das Gehen-Lernen die Aufrechtekraft wird modifiziert zum Sprechen-Lernen, im dritten Schritt die Metamorphose der genannten Kräfte zum Denken-Lernen.
Diese Schritte bedeuten auch die Grundlage des Immunsystems, welche in der Metamorphose von Instinkt und Trieb weiterhin zur Begierde, und letztlich zum Motiv gewandelt wird.
Bei der Ausgestaltung der körperlichen Grundlagen zu ihrer Verwirklichung in der Welt bedient sich die Individualität der Sinne. Nun haben wir durch Rudolf Steiner in der Sinnesphysiologie eine Erweiterung von den üblichen fünf Sinnen zu zwölf Sinnen erhalten[4]. Wir wollen hier die sog. „unteren", ersten oder „Vitalsinne" betrachten. Es sind dies der Tastsinn, der Lebenssinn, der Eigenbewegungssinn und der Gleichgewichtssinn.

---

[4] Steiner, Rudolf: Menschenwesen, Weltenseele und Weltengeist; GA 206
Steiner, Rudolf: Anthroposophie, Psychosophie, Pneumatosophie; GA 115

Der Tastsinn kennzeichnet sich dadurch, daß er als Organ die gesamte Haut des Menschen hat, mit deren Hilfe der Mensch seine Grenzen zur Umwelt wahrnimmt. Er fühlt von innen her das, was ihm gegenübergestellt ist, wogegen er sich als Innenwesen abgrenzen kann und muß. Ist dieser Tastsinn gut ausgebildet, entsteht im Bewußtsein des Menschen ein elementares Existenzvertrauen zu seinem Selbst und zur Welt = ein gesundes Selbstvertrauen. Ist dieser Sinn gestört, entsteht eine tiefsitzende, „instinktive" Angst. Wir können den Tastsinn somit dem Instinkt zuordnen, der die erste Beziehung zur physischen Umgebung herstellt.
Der Lebenssinn ist nur zu erfassen, wenn etwas in der Befindlichkeit des Menschen ins Ungleichgewicht geraten ist. Dieser Sinn hat bis heute kein örtlich anzugebendes Organ. Der Mensch aber wüßte nicht, daß er Hunger hat, müde ist etc., wenn dieser Vitalsinn es ihm nicht ständig signalisieren würde. Ist dieser Sinn gut ausgebildet, entsteht aus einer „vitalen Behaglichkeit" heraus eine Ausgewogenheit zwischen den inneren Lebensvorgängen und den Umwelteinflüssen. Das „gesunde Urteil" – wie der Volksmund sagt, der „gesunde Menschenverstand" – hat hier seinen Ursprung. Ist dieser Sinn gestört, entsteht Nervosität und Orientierungslosigkeit.
Der Trieb kann dem Lebenssinn zugeordnet werden. Er stellt eine Beziehung her zu den Lebensvorgängen im und um den Menschen.
Beim Eigenbewegungssinn handelt es sich um die Wahrnehmung von Verkürzungen oder Dehnungen der Muskeln und Sehnen bei Bewegungen. Die Stellung der Gliedmaßen während eines Bewegungsablaufes wird hier wahrgenommen. Die Gelenke spielen bei der Bewußtwerdung eine besondere Rolle.
Auch hier entsteht im Menschen eine elementare Selbstwahrnehmung. Es sei zur Veranschaulichung Rudolf Steiner zitiert:
„In den besten Griechenzeiten entdeckt der Mensch, was es heißt, mit Hilfe des Ätherleibes einen Arm, eine Hand in eine gewisse Attitüde zu bringen, und er empfindet die Muskelhaltung und Muskelstellung bei dieser Attitüde. Er erlebt gewissermaßen inner-

lich die Weite des Armes, die Streckkraft des Armes, die Streckkraft der Finger“[5].
Ein gut ausgebildeter Umgang mit dem Bänderapparat und den Gelenken vermittelt dem Menschen ein Vertrauen im Umgang zu sich selbst: es entsteht ein Freiheitsgefühl. Ein nicht entwickelter Eigenbewegungssinn führt zum Zwang, zum „Gebunden sein“ an etwas. Dieser Sinn erfährt seine Ausbildung und Reife während der Pubertät, in der die Begierden eine große Rolle spielen. Wir gehen die Beziehung zur Empfindungswelt des Menschen ein sie muß in „himmelhoch jauchzend“ oder „zu Tode betrübt“ gut durchgestaltet werden.
Der Gleichgewichtssinn hat sein Organ im Mittelohr. In Aktion tritt dieser Sinn nur, wenn sich ein Ungleichgewicht einstellt. Der Gesamtausgleich aller Bewegungen wird hier vermittelt. Streckt man einen Arm vor, findet im Körper durch feinste Muskelbewegungen ein Ausgleich statt, so daß das Gleichgewicht dynamisch erhalten bleibt. Es ist der Sinn der Verhältnisse, der ebenfalls eine besondere Ausreifung in der Pubertät erfährt. Rein äußerlich ist ja dieser Lebensabschnitt durch ein vermehrtes Längen- und Breitenwachstum gekennzeichnet.
Ist dieser Sinn gut ausgebildet, ruht der Mensch mit guter Statik in seinem Leibe. Auf seelischer Ebene entspricht ihm das Gleichgewicht zwischen Verbundenheit und Abstand zu den Dingen und zu sich selber, er fordert Ruhe und Gelassenheit.
Ist dieser Sinn nicht ausgebildet, so kann Aggression bis hin zur Auto-Aggression entstehen. Wir haben hier die Voraussetzungen für die Ausbildung des Motives.
Zusammenfassend seien die vier „unteren Sinne“ nochmals von anderer Warte angeschaut. Henning Köhler spricht in seinem Buch „Die stille Sehnsucht nach Heimkehr“ in sehr anschaulicher Weise über die Wirkung und Ausgestaltung dieses Lebensbereiches. Er sagt:
„Der Tastsinn „leibt“ im Bereich der Instinktsphäre. Der Lebenssinn „zeitet“ dort, wo natürlicher Trieb herrscht. Der Eigenbewe-

---

[5] Steiner, Rudolf: Eurythmie als sichtbarer Gesang; GA 278

gungssinn „raumt“, wo kreatürliche Begierde die Grundlage ist, und der Gleichgewichtssinn „eint“ mit Hilfe der Motivspähre“.[6]

Einige grundlegende Erläuterungen zur Heileurythmie

Was ist Heileurythmie? Heileurythmie ist eine Bewegungstherapie.
Was ist Bewegung? Bewegung ist das Ergebnis von Zeit, die sich im Raume eine sichtbare Erlebbarkeit schafft.
Bewegung ist das Ergebnis von Raum, der sich öffnet für Zeit, um sich aus seiner bloßen Stofflichkeit zu erheben. In beiden Fällen entsteht Rhythmus.
Wie erleben oder sehen wir Bewegung?
Im Takt oder Gleichmaß – im Intervall oder Zwischenraum – im Rhythmus – und im zusammenfassenden Bogen und Motiv. Im übertragenen Sinne haben wir wieder: Instinkt, Trieb, Begierde und Motiv.
Eingangs haben wir davon gesprochen, daß der Mensch in den ersten drei Jahren grundlegende Bewegungen erlernen muß, nämlich Gehen, Sprechen und Denken.
Die Heileurythmie hat nun ihre Bewegungsgrundlage in der Sprachbewegung. Ein gesprochenes Wort erklingt im Raume dadurch, daß durch Kehlkopf, Gaumen, Zähne, Lippen die unbewußt eingeatmete Luft, durch intentionale (Ich) und emotionale (seelische) Impulse geformt, ausgeatmet wird. Diese gestalteten Luftbewegungen unterliegen universellen menschheitlichen Gesetzen. So wird ein L in jeder Sprache so gebildet, daß der auszuatmende Luftstrom durch die Zunge geteilt wird. Diese Form des geteilten Luftstroms wird in der Heileurythmie mit den Armen (Beinen) nachgebildet. Diese Betrachtung erfaßt die physikalische Ebene des Geschehens.
Versucht man, seinen Blick auf die lebendige Grundlage eines Lautes zu richten und lauscht man dem Klang der inneren Bewegung des gesprochenen L nach, so wird man die Bewegung der Arme flüssig und ruhig gestalten.

---

[6] Köhler, Henning: Die stille Sehnsucht nach Heimkehr; Stuttgart 1987

Als nächstes kann diese Gebärde, das L, nicht beziehungslos und leer im Raume stehen. Es muß eine dem spezifischen Laut entsprechende Gefühlsnuance in die Bewegung einverwoben werden.
Nicht zuletzt gibt es innerhalb eines Bewegungsablaufs differenzierte, charakteristische Momente, in denen die jeweiligen Muskelpartien stärker oder milder angespannt werden.
Somit haben wir, wenn wir die Luftformen des gesprochenen Lautes mit der Muskulatur der Gliedmaßen ausführen, im Bewegungsablauf vier unterschiedliche Phasen:

- die Form (die physikalische Ebene)
- die reine Bewegung (die lebendige Grundlage)
- die von Gefühl gefärbte Bewegung (Empfindungsebene)
- und die mit charakteristischer Spannung ausgeführte Bewegung (Intention)

Aus eben geschildertem Vorgang geht hervor, wie in der Heileurythmie unser dargestelltes Grundproblem, wie Zeit und Raum sich zu Rhythmus verweben, angegangen werden kann. Der sprechende oder singende Mensch offenbart sich seiner Umgebung durch seine geistige und seelische Individualität. Führt er die Sprach-Sing-Bewegungen nun nicht mit der im Kehlkopf, Mund und Hals angesiedelten Muskulatur aus, sondern mit der gesamten Muskulatur seiner Gestalt, so kann er diejenigen Kräfte und Bewegungen aufgreifen, die ihm als Kind halfen, sich als (zeitloses) Wesen in seinen Körper einzuhausen.
Wir haben als Grundgesetzmäßigkeiten der ausgesprochenen Sprache Vokale und Konsonanten, die rhythmisch zu Worten und Sätzen miteinander verbunden werden, um sinngemäß vom Zuhörer verstanden zu werden. Bei der in der Heileurythmie „getane" Sprache sieht es folgendermaßen aus:
Die Konsonanten haben ihre Wirkung in der sog. äußeren, quergestreiften Muskulatur, die sich als Formkraft offenbart. Die Vokale dagegen entfalten ihr Wirken in der inneren, der glatten Muskulatur, im vegetativ aufbauenden Bereich des Körpers[7]. Wir können damit einzelne Laute gezielt bei Krankheiten und Organschäden

---

[7] Pressel, Simon: Bewegung ist Heilung; Stuttgart 1984

einsetzen und das Gleichgewicht zwischen Formkräften und Stoffbildekräften anregen.

Methodischer Weg zur Behandlung

Die heileurythmische Behandlung selber gliedert sich in einen dreigeteilten Aufbau, durchgeführt von einer Gruppe von drei Menschen: Patient, Arzt und Therapeut.

Als erstes haben wir den Beschluß zum gemeinsamen Weg und die Festlegung des Weges. Dazu bringt jeder der drei Beteiligten seine Mittel ins Kalkül. Es wird im gemeinsamen Dialog der Weg erarbeitet, den die Behandlung haben soll.

a) Der Patient hat seine Beschwerden, seine Krankheit
b) Der Arzt ordnet diese Krankheit mit Hilfe seines medizinischen Wissens und seiner technischen Ausrüstung ein: Er entwickelt die Diagnose.
c) Der Heileurythmist studiert das Erscheinungs- und Bewegungsbild des Patienten und stellt seine bewegten Laute, meistens eine Reihenfolge von Lauten, dazu.

Als zweiter Schritt werden die angegebenen Laute erübt. Dieses Tun ist ein Monolog. Der Patient übt selbständig einmal täglich zur gleichen Tageszeit (fünfmal in der Woche) und das ganze 5-7 Wochen. Darauf erfolgt eine Gesamtpause von mindestens drei Wochen.

Es ist von Bedeutung, daß der Therapeut am Beginn der Behandlung den jeweiligen Laut vorspricht und ihn gleichzeitig vormacht, so daß der Patient die verschiedenen Lautbewegungen nachbilden und sich als Bewegungsgestalt einprägen kann. Dabei spielt die Reihenfolge eine große Rolle: gesprochen – gehört – bewegungsmäßig nachvollzogen. Die Wahrnehmungsleistung des Patienten in der Lautgestaltung ist von diagnostischem Wert, denn wie „schwach" oder „stark" ist er, den Laut richtig zu hören und im Tun nachzuvollziehen? Im Weiteren spricht der Therapeut möglichst nur noch die Laute und korrigiert das Bewegungsbild. Dann wird angestrebt, daß der Patient allein, ohne Gehörtes, seine Lautbewegungen rhythmisch übt.

Im dritten Schritt haben wir wieder das Dialogprinzip zwischen Patient, Arzt und Therapeut. Es muß nun eine Rückschau, eine kritische Beurteilung vollzogen werden.
Wir haben zu fragen: Ist der eingeschlagene Weg richtig, kann so das Ziel erreicht werden? Soll man eine neue, andere Richtung einnehmen? Soll man Dinge wiederholen oder soll man wie gehabt weitermachen?
Je nach Schwere der Erkrankung und Zustand des Patienten muß dieser Schritt auch mehrfach im Abstand von wenigen Tagen gemacht werden. Dieser dritte Schritt muß so geführt werden, daß jeder der Beteiligten sein eigenes Mittel ganz zurücknehmen kann, und die Mittel der anderen zwei Personen frei – ohne Beurteilung – gelten lassen kann.
Wenn in der Auseinandersetzung eine gewisse „Stille" eingetreten ist, kann der Dialog in eine neue Wegrichtung zeigen. Interessant ist dabei, daß hier drei Menschen im Dialog stehen, die ihre ganz unterschiedlichen, eigenständigen Mittel einbringen, um zu einem umfassenden Urteil zu kommen: Der Patient bringt sein Befinden, der Arzt sein Fachwissen und der Heileurythmist seine Bewegungsgebärde ein. Daraus kann eine objektive Beurteilung erwachsen.
In der täglichen Heileurythmiebehandlung kommen zu Lautübungen noch viele andere, stets rhythmisch ausgeführte Übungen, z. B. mit Kugeln und Stäben. Es werden einfache und komplizierte Geh- und Springbewegungen erarbeitet und spezielle Raumübungen erlernt. Schließlich werden ganze Sätze, kurze Sprüche oder Gedichte ausgearbeitet. Damit wird das Bewegungssystem in den differenzierten Bewegungen von Gehen, Sprechen, Denken dort aktiviert, wo Schäden oder Schwächen erkennbar werden.
Abschließend ein Zitat von Victor Hugo:
„Das Wort ist ein lebendiges Wesen, mächtiger als der, der es gebraucht. Im Dunkel entsprungen, schafft es den Sinn, es selber ist das, was Denken, Sehen, Fühlen draußen erwartet, ist Farbe, Nacht, Freude, Traum, Bitternis, Ozean, Unendlichkeit, es ist Logos Gottes."

II. Spezieller Teil und Betrachtung einzelner Therapie-Elemente im Hinblick auf AIDS

Im Laufe der letzten Jahre haben wir viele, zum großen Teil fortgeschritten AIDS-kranke Patienten behandelt. Davon waren 80% junge Männer im Alter von 23 bis 40 Jahren, die restlichen Patienten waren junge Frauen und ältere Männer über 40 Jahre. Um zu einem Therapiekonzept zu gelangen, haben wir uns von den vorher angeführten Gesichtspunkten leiten lassen. Die Gesichtspunkte werden hier noch einmal zusammenfassend und neu beleuchtet angeführt:

- Die Krankheit versetzt den Betroffenen in Angst durch Orientierungslosigkeit, bis zur völligen Hilflosigkeit und Lähmung der individuellen menschlichen Möglichkeiten.
- Aus der geschilderten Beobachtung der AIDS-Patienten im Vergleich zu den vielen Patienten mit anderen Diagnosen, kann von sich wiederholenden Bewegungsgrundstrukturen ausgegangen werden.

Diese sind in der Regel keine durchgehende, aufrechte Gestalt, – flüchtiger Zehengang, – überstreckte Arme und Knie, – beziehungslose, oft ausdrucksarme Gebärden, – wenig Bewegungsgedächtnis. –

Die menschliche Aufgabe, Geistig-Seelisches mit Lebendig-Körperlichem in eine Verbindung zu bringen, erfährt biographisch eine Irritation, indem die lebensgestaltenden, kreatürlich-menschlichen Notwendigkeiten (vom Instinkt über Begierde und Trieb zum Motiv) in der Ausbildung der zugeordneten Vitalsinne (Tastsinn, Lebenssinn, Eigenbewegungssinn, Gleichgewichtssinn) nicht ausreichend angesprochen bzw. gebildet werden. Damit ist die körperliche Grundlage für die Entwicklung der Individualität geschwächt, die körperliche Grundlage, die ja im Immunsystem ihren faßbaren Ausdruck hat. Denn sowohl in den ersten drei Jahren als auch in den Jahren der Pubertät liegen hier möglicherweise wesentliche Hinweise. Indem wir versuchen, die vier Vitalsinne zu stärken, ergibt sich ein therapeutischer Ansatz.

Im folgenden sollen grundlegende Bewegungsabläufe dargestellt werden. Die speziellen Therapieverläufe werden im Anhang an vier Beispielen dargestellt.
Aus der dargestellten Bewegungsproblematik heraus muß bemerkt werden, daß alle Patienten – trotz oftmals großer Bewegungsnot – gerne und mit ständig neuem Enthusiasmus die Heileurythmie ausführten.
Um eine Therapiemöglichkeit für die Heileurythmie in den vier Vitalsinnen zu finden, wurde der Darstellung von Rudolf Steiner gefolgt, der die 12 Konsonanten den 12 Tierkreis-Gegebenheiten und den 12 Sinnen zuordnet[8]. Dabei ist das Problem bekannt, daß R. Steiner den Tastsinn einmal als ersten, ein anderes Mal als fünften Sinn einordnet. Hier wird der Tastsinn als erster Sinn verwendet: wir beziehen uns auf die Vorträge vom 22. 07. 1921 und 23. 07. 1921, (GA 205) und 25. 10. 1909 (GA 115).

Darstellung der häufig gebrauchten Konsonanten im Zusammenhang mit den vier Vitalsinnen

In der Wahl der Konsonanten gehen wir in der Heileurythmie von der krankheitstypologischen Situation aus.

Das N

Als erster Laut wird das N gewählt, ein kurz gesprochener Stoßlaut. Die eurythmische Bewegung wird von den Händen so ausgeführt, daß sie sich nach vorne tastend bewegen, zurückzucken, so daß eine starke Anspannung der Muskeln in Armen und Füßen bis hin zum Kopf geschieht. Dabei entsteht ein Gefühl des Anhaltens, des „Auf-sich-Zurückgeworfen-Seins“. Im Bewußtsein des Ausführenden entsteht eine interessierte Wachheit, die Grenzen der Haut und der eigenen Körperlichkeit werden wahrgenommen, ein Abstand zur Umwelt wird geschaffen. Die Beziehung zum oben geschilderten Tastsinn ist naheliegend.

---

[8] Steiner, Rudolf: Anthroposophie, Psychosophie, Pneumatosophie; GA 115
Steiner, Rudolf: Erdenwissen und Himmelserkenntnis; GA 221

Bei stark auftretenden Diarrhöen, Kaposi-Sarkom, Wundzuständen zwischen den Fingern, Zahnfleischbluten, den typischen Symptomen der AIDS-Erkrankung, wenden wir den Laut N mit großem Erfolg an. Es herrscht bei diesen Erkrankungen eine „organgewordene Sympathie“ vor, und wir schaffen mit der N-Gebärde eine in die Physis wirkende Antipathie-Situation[9]. Wir ordnen das N dem Tastsinn zu.

Das M

Als zweiten Laut wählen wir das M. Hier haben wir es mit dem sanftesten Stoßlaut des Alphabetes zu tun.
Der Luftstrom wird in einer Doppelbewegung gestaltet: mit den Lippen zurückgehalten und durch die Nase ausgeatmet. So wird er auch eurythmisch ausgeführt. Die Arme werden in sanfter, aber eindringlicher Bewegung, der eine von oben nach unten und gleichzeitig der andere von unten nach oben geführt. Der Mensch taucht mit seinen Armen in einen ständig in ihm von oben nach unten und einen entgegenwirkenden Strom ein. In der Region des Sonnengeflechtes begegnen sich die Hände und harmonisieren diese Oben-Unten-Wirksamkeit.
Die sanfte Muskelanspannung der Arme, die bis in das Kreuzbein und in die Hände hineinreicht, macht die Gestalt im Wechsel von Anspannen und Lösen geschmeidig. Die Gliedmaßenmuskulatur wird durchplastiziert und erwärmt, die Atmung wird zur Ausatmung angeregt. Im Hinblick auf den Lebenssinn können wir mit dem „M“ fast handgreiflich Harmonisierung und Ruhe in den Körper einführen. Wir haben es mit starken, aber gestalteten Sympathiekräften zu tun, die den gesamten Säfte und Drüsenhaushalt beeinflussen.
Erfolgreich waren wir mit diesem Laut bei Wasserablagerungen in den Beinen und Gelenken. Die „Verlorenheit“ der betroffenen Menschen dem Raume gegenüber und die zu geringe Erdbezogenheit des Ganges konnten hier helfend korrigiert werden. Das M schafft Verbindung zum Raum und zum eigenen Körper.

---

[9] Steiner, Rudolf: Heileurythmiekurs; GA 315

Das L

Dritter Laut ist das L. Wir haben schon ausgeführt, wie beim gesprochenen L durch die Zunge der auszuatmende Luftstrom unterteilt wird. Es entstehen zwei Luftbewegungen, die sich nach rechts und links ausbreiten. Das L ist der Wellenlaut im Alphabet.
Mit den Armen werden kreisende Bewegungen ausgeführt, die in den Strom eintauchen, der die Gestalt von unten nach oben durchklingt. Die Arme werden dabei in der Mitte heraufgeführt und ergießen sich dann jeweils nach rechts und links, um ihren Kreis zu vollenden.
Im gesamten Schultergürtel, in der Muskulatur des Beckengürtels bis zu den Füßen (Innenfuß-Außenkante) durchklingt die Bewegung wohltuend den Ausführenden. Alle Gelenke werden beim L einmal durch bewegt, und so erlebt der Ausführende dies als Möglichkeit, sich von der Schwerkraft der Erde zu lösen und wieder zu ihr zurückzukehren. Durch diese Bewegung ist der Körper ständig im Wandel begriffen.
Wir haben es mit Blick auf den Eigenbewegungssinn, mit differenzierten Gestaltungen von Verhältnissen im Körper zu tun: das Zusammenwirken von Zirkulation und Atmung wird einerseits reguliert, andererseits die Differenzierung von Flüssigkeiten im Ablauf der Darmtätigkeit, der Umwandlungsprozeß der Nahrung wird aktiviert.

Das G

Der vierte Laut ist das G. Das G ist ein Stoßlaut, der tief im Gaumen sitzend gesprochen wird. Die zielsichere, stoßende Gestik wird in der eurythmischen Gestaltung aufgegriffen. Die Arme werden in wegschiebender Gebärde von innen nach außen geführt. Die Anspannung der Muskeln, besonders im Oberarm und Oberschenkel, spielt dabei eine große Rolle. Der Ansatz der Armgebärde im Schulterbereich geschieht dadurch, daß sich der Schultergürtel nach vorne verengt, im Rückenbereich dehnt. Während der Ausführung des Lautes dehnt sich die Vorderpartie, die Schulter-

Rückenpartie zieht sich zusammen. Wir können hier auf den beschriebenen Gleichgewichtssinn hinweisen.
Wesentlich an diesem Laut ist die Schaffung eines eigenen Innenraumes im Verdrängen des Außenraumes durch die Arme. Dadurch können wir eine verstärkte Wirkung auf alle Ein- und Ausscheidungen bewirken.
Bei unterschiedlichen Formen der Pneumonie sowie Pilz- und Keimbefall hatten wir Erfolg mit dem G durch die Gestaltung der Innenräume.
Wir nehmen häufig die Konsonanten S und T noch hinzu, auf deren Gestaltung und Wirksamkeit soll hier nicht näher eingegangen werden.

Die Vokale

Beobachtet man den Ausatmungsstrom im Ertönen der Vokale, so merkt man, daß Zunge, Zähne und Lippen nicht so in die Gestaltung des Luftstromes eingreifen wie bei den Konsonanten, wir haben es mit ganz anderen Sprachbildungsgesetzen zu tun.
In der Gebärdensprache durch die Eurythmie kommen wir dementsprechend zu einem anderen Ansatz als bei der Durchgestaltung der Konsonanten.
Wird ein Vokal in der Eurythmie gestaltet, so klingt die Bewegung aus der individuellen Seelenkraft des jeweiligen Menschen heraus. Ob groß oder klein ausgeführt, werden Vokale nie mechanisch erscheinen, weil stets ein Anteil an individueller Ausdruckskraft mitgestaltet. In der Anregung zur Bildung der Vokalgebärden gehen wir anders als bei den Konsonanten vor. Wir lassen den Patienten lauschen, wie unterschiedlich der Klang ist, z. B. des A im Vergleich zum I. Wir beobachten gemeinsam die lautspezifische Bildung des auszuatmenden Luftstroms im Gegensatz zur Gestaltung der Konsonanten. Im Bilden der eurythmischen Gebärden werden wir nach Möglichkeit aus der Stille heraus in die Bewegung der Vokale eintauchen. Wir haben es mit Bildekräften zu tun, die man als vom Kopf heruntergehende „aufbauende Stoffkräfte" (eiweiß-

bildende, albumisierende Kräfte bei R. Steiner[10]) kennt, die besonders in der glatten Muskulatur der inneren Organe wirken. Mit den Konsonanten werden strukturierende, gestaltende und antimonisierende Kräfte aufgegriffen, die im Stoffwechsel-Gliedmaßensystem, in der quergestreiften Muskulatur, ihre Entfaltung finden[11].
In der Praxis hat sich gezeigt, daß es nur ganz wenige Menschen gibt, die nicht spontan und gerne die Gebärdensprache der Vokale aufgreifen und teilweise auch selber finden. Außerdem sollte man jeden Menschen anregen, herauszufinden, welcher Vokal ihm der liebste ist. Hier sind äußerste Zurückhaltung und Feingefühl beim Therapeuten gefordert, er muß den Patienten gewähren lassen. Gemeint ist hier der individuelle Bezug, den der Patient selbst herstellt. Ein ärztlicher Mitarbeiter hat einmal gesagt: „Nur wer ein wirkliches Geheimnis für sich hat und es auch bewahren kann, ist in der Lage, in echter Weise Beziehung zum anderen Individuum aufzunehmen.“ Hier klingt etwas an von dem Wesen der Vokale, das so ganz anders ist als das der Konsonanten.

Therapieaufbau

Die Vokale werden zunächst vom Patienten dreimal laut gesprochen. Dann erst werden die Arme bewegt, indem sie den Vokal mehrere Male in verschiedenen Ebenen und Richtungen langsam formen und später schneller werden. Den gleichen Ablauf gestalten dann Beine oder Füße, zuletzt nochmals die Arme. Anschließend verhält sich der Patient wenige Augenblicke ganz ruhig und läßt das Gesprochene und Getane nachklingen.
Wenn auch allgemein für die Heileurythmie gilt, daß alle Bewegungen in Schönheit und Grazie ausgeführt werden müssen, so ist das Schönheitserlebnis in der Vokalgestaltung oberstes Gesetz.

---

10 Steiner, Rudolf: Heileurythmiekurs; GA 315

11 Steiner, Rudolf: Heileurythmiekurs; GA 315
Pressel, Simon: Bewegung ist Heilung; Stuttgart 1984

Die Vokale in der Behandlung HIV-Betroffener

Alle fünf Vokale werden angewendet, bevorzugt aber das A, O und U. Diese sollen im folgenden ausführlich dargestellt werden.
Die Auswahl der jeweiligen Vokale haben wir aus der „Bewegungskonstitution" der Patienten abgeleitet. Der leichte Gang, die Neigung zum Überstrecken der Arme, die Tendenz zur Beziehungslosigkeit zum eigenen Körper wie auch zum umgebenden Raum haben uns veranlaßt, raumschaffende Gebärden sowohl äußerlich wie seelisch für die Therapie zu wählen.

Das A

Beim A werden beide Arme (Beine) zu einem Winkel gestaltet. Die Spitze des Winkels liegt zwischen den Schulterblättern. Der Bewegungsfluß strömt über die Oberarme zu den Unterarmen bis zu den Fingerspitzen und wird darüber hinaus empfunden. Das bewußte Einfühlen der Winkelspitze vermittelt dem Patienten das Gefühl für den Abstand von sich zum umgehenden Raum. Die Bewegungstendenz geht von hinten nach vorne sowie nach rechts und links. Die Arme haben in sich einerseits die fragende Gebärde, andererseits schaffen sie die Möglichkeit zur Aufnahme, sie öffnen sich. Es wird ein Bewegungsdialog geschaffen, dem der Ausführende unmittelbar unterliegt.
Die Zügelung in der Winkelspitze und das gleichzeitige Herausgreifen in zwei Raumesrichtungen schaffen unbewußt ein neues Verhältnis zu den Lebensgrundlagen: Instinkt, Trieb, Begierde und Motiv.
Im praktischen Tun haben wir das A wie beschrieben mit den Armen gebildet und die Gebärde auf einem im Raum gelaufenen Fünfstern (Pentagramm) unterlegt. Dabei wurde darauf geachtet, daß die Körperfront immer frontal geführt wird.
Die große, fließende Gebärde wird immer näher an den Körper herangeführt und von der äußeren Aktivität in eine stille Seelenhaltung übergeführt – eine Übung, die alle Patienten ganz besonders gern ausführen. Sie lieben die „Kelch-Bildung" in den Händen, die

sich aus der großen raumgreifenden Gebärde entwickelt und in die Schaffung eines Innenraums führt.

Das O

Hier werden die Arme in Erweiterung des Schultergürtels zu einer Kreisbewegung geschlossen (oder die Beine vom Becken aus in eine Rundung geführt), es wird umschlossener Raum gebildet. Die Bewegungsnuance soll hell, licht und dynamisch sein, was nur möglich ist, wenn der Impuls des Bewegungsansatzes im Rücken licht ist. Die das O bildenden Arme werden dann in ruhiger Bewegung herauf und heruntergeführt, wodurch ein erneutes O mit dem gesamten Rumpf entsteht: der Raum vor dem Rumpf wird völlig umschlossen. An dieser dreidimensionalen, sanft geführten Bewegung kann man fast äußerlich die anregende und durchwärmende Wirkung auf die inneren Organe nachvollziehen, speziell auf die Leber. Wir wenden das O gern bei sehr kranken bettlägerigen oder sitzenden AIDS-Patienten an, auch deshalb, weil die Leber in diesem Stadium in der Regel besonders viele Medikamente zu bewältigen hat.
Von seelisch-geistiger Seite wird die Selbstergreifung im O, dieses Sich-halten-Können, auch im schmerzlich angegriffenen Körperzustand, als Wohltat empfunden.
Besonders häufig haben wir das O bei Patienten mit Kaposi-Sarkom angewendet. Die Patienten hatten dadurch eine Wahrnehmung ihrer selbst: ein Gefühl des Schutzes gegenüber der eindringenden Außenwelt, des Verwundet-Seins.

Das U

Hier werden wie beim A die Arme vom Rücken aus zwischen den Schulterblättern schmal (auch die Beine) zu einer strengen und gespannten Parallelbildung geführt. Wir haben es mit einer strengen, von innen her aber dennoch lichten Bewegungsgestalt zu tun. Es wird ein äußerer Raum zu einem schmalen Innenraum verdichtet, der mit seiner Kraft die Organe und den seelisch-geistigen Menschen erstarkt.

Dem erwähnten leichten bis flüssigen Gang der Patienten haben wir damit entgegengewirkt. Das U wird verschiedenartig mit den Beinen gestaltet: z. B. auf die Zehen langsam herauf und heruntergegangen, während die Arme (in enger Parallelführung!) die Gegenbewegung von oben ausführen. An der Bewegungsskizze, die Rudolf Steiner für Eurythmisten gegeben hat, kann man erkennen, welche Geschlossenheit die Füße haben. Wir haben dementsprechend das U mit abgehobenem Ballen, auf den Hacken stehend ausführen lassen – die Arme dazu in der Gegenbewegung. Hierbei ist eine starke Muskelanspannung – von der Innenseite der Beine in den Unterbauch führend – zu beobachten. Fühlt sich der Mensch durch diese Übungen in seinen Beinen kräftiger, gut auf der Erde stehend, kann auch sein Selbstbewußtsein wieder erstarken.

Zusammenfassende Betrachtungen

Nach kurzer Zeit bemerkt man eine selbstverständliche Aufrechte in Haltung und Gang und mehr Sicherheit in den Armen beim Hineingreifen in den Raum.

Von vielen Patienten wird dies sinngemäß in Worte gefaßt wie: „Durch die Heileurythmie wurde ich nach langer Zeit wieder motiviert, mich zu bewegen, mich gestraffter und zielstrebiger zu bewegen. Ich habe einen anfänglich leisen Bezug zu mir selber bekommen. Beim Hineingreifen in den Raum mit Händen und Armen verändere ich den Raum, dieser aber verändert auch mich. Das Gefühl, mich und meinen Körper wegwerfen zu wollen, verliert sich wieder."

Außerdem wird zum ersten Mal bewußt erlebt, daß ein Schritt vorwärts in den Raum etwas ganz anderes vermittelt als ein Schritt rückwärts.

Ein Schlüsselerlebnis ist jedesmal der Aufbau des Pentagrams – ausgehend von der eigenen Gestalt – und das Laufen dieser Figur im Raum. Das damit verbundene Erfassen der Gesetzmäßigkeiten in der eigenen Gestalt und ihre Projektion in den Raum führte zur „Verbindlichkeit".

Verbindlichkeit wird noch in ganz anderer Weise bei den Lauten geübt. Es gibt jedesmal anfängliche Schwierigkeiten beim Koordinieren zwischen den äußeren und inneren Vorgängen (empfundener Laut und ausgeführte Gebärde). Mit dem tieferen Eindringen in die „Verbindlichkeit“ von Gehörtem und Getanem mehrt sich das Bewußtsein für die eigene Gestalt (Wahrnehmen, Erkennen, Handeln).

Daß alle Patienten nach der Entlassung ein Programm wünschen, nach dem sie zu Hause weiterüben können, zeigt, wie weit eine Verbindlichkeit im Tun errungen wurde.

Abschließend ein Zitat von Franz Kafka: „Der Mensch kann nicht leben ohne ein dauerndes Vertrauen zu etwas unzerstörbarem in sich selber.“

III. Patientenbeispiele

Kasuistik

Patient männlich, 34 Jahre
weiterhin in ambulanter Behandlung

Äußeres Bild

Schmale Gestalt, sehr jungenhaft, blondes Jahr, wässrig-blaue, stets etwas verschleierte Augen. Zehengang, grobe Hände und Füße.

1. Ärztlicher Therapieentwurf

1a Klinische Diagnose

Fortgeschrittenes HIV-Syndrom, T4 = 20; T8 = 1.760, Quotient = 0,01. Pneumocystis carinii, Pneumonie. Kaposi-Sarkom, enteraler Soor.

1b Menschenkundliche Diagnose

Alle seelischen Eindrücke können bei diesem Patienten unverdaut im Körper durchschlagen und können so sofort in den Stoffwechsel-Gliedmaßen-Menschen eindringen. Als 34jähriger Mann wird er vom „jugendlichen Himmelhochjauchzen bis zu Tode betrübter Melancholie" hin- und hergetrieben. Seine Sehnsucht nach platonischer Liebe zeigt einen Doppelmenschen, der fremd dem Triebmenschen gegenübersteht, der sehr ausgeprägt ist.

1c Verordnungen anderer Therapien

Stibium-Infusion, Helleborus 3 und 4 für das Kaposi-Sarkom, Viscum D20, Bactrim einige Tage hochdosiert, anschließend Pentamidin-Inhalation in ausschleichender Dosis, Amphomoronal-Lutschtabletten, Hepatodoron, zeitweise Inhalation mit Stibium D10, Bactri-Subtil, Maltherapie.

2. Heileurythmisches Bewegungsbild

2a Bewegungsdiagnose

Bei ersten Gleichgewichtsübungen zeigt sich, daß der Patient mit dem Oberkörper nach hinten abknickt und den Bauch und Oberschenkel vehement nach vorne wirft. Als seien die Bänder im Lendenwirbelbereich ausgeleiert, kippt der Patient vor und zurück und ist nicht in der Lage, eine ruhige Mitte aufzubauen. Gehübungen zeigen, daß er einen flüchtigen, schnellen Zehengang hat. Armbewegungen können nicht zum Körper hingeführt werden, haben eine überstreckte Bewegungstendenz.

2b und 2c Therapieentwurf, Behandlungsweg und Zielrichtung

Aus dem geschilderten Bewegungsbild ergibt sich, den Patienten zu festem Auftreten anzuleiten und durch mehr Standfestigkeit und Griffigkeit in den Beinen eine ruhige Atmung zu erzielen, damit die Lunge sich wieder genügend dem Ein- und Ausatmen widmen kann. Dazu wurde das L gewählt, da es durch große Bewegung die tiefe Einatmung anregt, dann zu der Ausatmung mit dem M durch schmale Bewegungstendenz weiterführt und durch die Durchblutung der Muskeln die Arm- und Beinmuskulatur gestärkt und gefördert wird. Es wird also die Ein- und Ausatmung mit diesem Patienten in aller Ruhe zuerst angegangen. Für die Pneumonie wird das G gewählt, welches durch die starke Anspannung der Oberschenkelmuskulatur bei der X-Stellung der Beine den Brustbereich durch die ruhige Stoßlautgebärede durchlüftet und formt. Da der Patient eine starke euphorisch-hysterische Bewegungstendenz zeigt, werden die Vokale, die bildenden Kräfte, erst nur sehr vorsichtig im Sitzen angelegt. Es wird in der Hauptsache das A als ein sich vom Hinterraum erschließender Laut erarbeitet – dann das U als die Sammlung im Stehen.

2d Revision

Es zeigt sich, daß an der Überbeweglichkeit der Lendenwirbel mehr gearbeitet werden muß, so daß wir das sog. Koordinations-I dazunahmen, was im Rhythmus von kurz-kurz-lang, kurz-kurz-lang, vorwärts und rückwärts im Raume gelaufen und mit entsprechenden Armbewegungen gestaltet wird. Im Laufe der Arbeit werden die Konsonanten N, M, L, G mit den Vokalen A, I und U in der Reihenfolge N, M, A, L, A, G, I, U, abgewechselt und anschließend das T, erst groß im Raum gelaufen, sofort anschließend stehend und dann noch sitzend in dieser Reihenfolge gestaltet. Damit wird eine starke Verinnerlichung der jeweiligen Gebärde erreicht, bei dem Patienten entsteht eine starke Sammlung und Konzentration auf seine leibliche Organisation. Auf die Raumform des Pentagramms wird ein Spruch von Lina Kromer gearbeitet: „Wer Du auch bist, was Du auch tust, nach einem such' allein, in unsres Daseins dumpfem Wust, ein Mensch, und nur ein Mensch zu sein."

2e Vergleich von gesetztem Ziel und erreichter Bewegungsentwicklung

Da die Oberschenkelmuskulatur sich sehr schnell kräftigt, bekommt der Patient einen ruhigeren und festeren Gang. Das G und später das rhythmische Koordinations-I verhelfen zu mehr Festigkeit im Lendenwirbelbereich. Somit kann die Pneumonie auch in den anderen Therapien besser beeinflußt werden. Der Patient gestaltet sein Gedicht mit innerer Ruhe und Ausdruckskraft, was ihm zu äußerer Verbindlichkeit und sehr viel mehr Ernst verhilft.

2f. Dauer und Anzahl der Behandlungen

11 Behandlungen à ½ Stunde.

3. Ärztlicher Abschlußbericht

3a Klinisch-diagnostisch

Verbesserung sämtlicher Symptome, insbesondere vollständige Rückbildung der Pneumonie. Rückbildung und Stillstand des Kaposi-Sarkoms, weitgehende Rehabilitation.

3b Menschenkundlich-diagnostisch

Das Ich-geführte Astralische greift mehr in das Physisch-Ätherische ein und kann den zerfallenen Leib wieder gestalten. Man merkt es an der Verbindlichkeit und Einhaltung von Terminen und am ernsten Beurteilen der Krankheit. Durch das Ich kann das Astralische strukturierend wirken.

Kasuistik

Patient männlich, 40 Jahre
Zwei Aufenthalte

Äußeres Bild

Der Patient hat eine schlanke, gut gebaute Gestalt und einen großen Kopf, blondes Haar und sehr helle Haut, helle Augen sowie ausgeprägte Hände und Füße.

1. Ärztlicher Therapieentwurf

1a Klinische Diagnose

HIV-Syndrom mit rezidivierender, eitriger Fistelbildung in der rechten Leiste. Immunstatus wenig ausgebildet, wenig supprimiert. T4/T8-Quotient: 0,5; T4 = 500. Tiefe Depression.

1b Menschenkundliche Diagnose

Der physische Leib ist gut durchgestaltet. Der Lebensbereich wird zugedeckt von einem zu sehr an die Außenwelt hingegebenen Seelenleben. Physischer und ätherischer Leib haben sich ganz dem beherrschenden Astralleib unterzuordnen. Das Ich ist vom Seelenleib verdrängt, dadurch schwere Depressionen mit Angstzuständen.

1c Verordnung anderer Therapien

Stibium-Infusion, Hyperphorat als Antidepressivum, Helleborus, Stärke 4, 1 x in der Woche, Lokalbehandlungen der Fistel.

2. Heileurythmisches Bewegungsbild

2a Bewegungsdiagnose

Der Patient kam beim ersten Aufenthalt stets zögernd, scheu, mit trippelndem Gang in die Behandlung. Er erfüllte alle gestellten Aufgaben mit zweifelnder, zurückhaltender und fast ironischer Gebärde. Die Arme bewegen sich flüssig, aber leer, schwungvoll, aber nicht emotional geführt. Die Beine setzen leicht auf den Boden auf, es ist kein fester Schritt, kein ruhiger Gang zu sehen. Alle

Gehbewegungen sind scheu. Der zweite Aufenthalt gestaltet sich von Beginn an sehr viel besser, weil der Patient die Therapie kennt und sie gern tut. Die leeren Armbewegungen wollen sprechen lernen und werden von Beginn an besser geführt. Die Beine bleiben im Anfang zaghaft und nicht mit der Erde verbunden. Bei der Anfangsübung I, A, O zeigt sich, daß der Patient gern und intensiv sich rückwärts beugt, sich aber nicht ins O nach vorne neigen kann, ebenso keine Gerade von den Füßen zum Kopf bilden kann. Der obere Rumpf ist stets zu sehr nach hinten gebogen, Hüfte und Bauch stehen zu weit nach vorn vor.

2b Therapieentwurf

Es gilt, den Patienten durch seelisch erfüllte Bewegung in ein Verhältnis zu sich selber zu bringen und damit über die Beine eine Verbindung mit der Erde, mit dem Stoff, zu erreichen. Außerdem müssen die seelischen Symptome des HIV-Krankseins behandelt werden.

2c Behandlung und Zielrichtung

Aus diesem Grunde wird anfänglich ein großes M gleichlaufend mit den Beinen und Armen – von oben nach unten und von unten nach oben geführt – erarbeitet. Die Begegnung der Arme in der Mitte, in der Gürtellinie, ist wichtig, und es gelingt ein einheitlicher, durchgängiger Bewegungsfluß. Im Stehen ist der Gestaltknick wieder da. Anschließend wird der Laut N mit der Intention des Tastsinns herausgearbeitet. Dabei ist die Stellung der Fersen und Knie hilfreich, um dem Patienten das Ertasten der Bein- und Fußmuskulatur zu ermöglichen. Ebenso wird eine Kräftigung im überbeweglichen Lendenwirbelbereich erreicht. Das L, die Umwandlungsgebärde, fällt dem Patienten bis zum letzten Tage seines Aufenthaltes sehr schwer. Es wird aber der anfängliche Überschlag nach oben in eine harmonischere Verbindung zur Bewegung nach unten, nach innen, gebracht. Das G wird im Sinne des Gleichgewichtssinnes erarbeitet und durch die X-Stellung der Knie und damit verbundener Anspannung der Oberschenkel wird eine souveräne, ruhige Gestaltung erreicht, die den Patienten nach eigenen

Aussagen Kraft und Sicherheit vermittelt. Physiologisch wird durch Anspannung der Oberarme bei diesem G der Nackenbereich entlastet und wiederum der Wirbelsäulenbereich gestärkt. Als Raumform wird anschließend das Pentagramm erarbeitet, wobei auffallend ist, daß beide Schrägen nach vorne nicht geführt, sondern eher gestürzt gelaufen werden. Da sich herausstellt, daß der Patient die Vokale – auf der Form des Pentragramms gelaufen – sehr vorsichtig, zaghaft gestaltet und bei etwas Anforderung sofort fest und atemlos wird, nehmen wir das Gedicht „Der Abend" von Josef von Eichendorff hinzu. Hierbei werden Vokale und Konsonanten dem Inhalt gemäß, sinngemäß, abgewechselt und erarbeitet. Es ist erstaunlich, in welch kurzer Zeit und wie wirklich mit Abendstimmung erfüllt, der Patient dieses kurze Gedicht gestaltet.

2f. Dauer und Anzahl der Behandlungen

7 Behandlungen à ½ Stunde bei seinem zweiten Aufenthalt.

3. Ärztlicher Abschlußbericht

3a Klinisch-diagnostisch

Die HIV-Symptome sind zum Stillstand gekommen. Seelische Symptome wie Angst und Depression verzeichnen einen weitgehenden Rückgang und weitgehende Rückgewinnung der Intentionalität, größere Sicherheit im Umgang mit anderen Menschen. Die Antidepressiva konnten abgesetzt werden.

3b Menschenkundliche Diagnose

Durch Entlastung seines Astralleibes durch nicht mehr so starke Fixierung und überschwengliches Eingreifen stand der Patient den Menschen und sich selber ruhiger gegenüber. Er erreichte eine neue Intentionalität, neue Interessen und neue Aufgaben.

Kasuistik

Patient männlich, 29 Jahre

Äußeres Bild

Die äußere Erscheinung ist mittelgroß, schlank aber kräftig. Gute Proportionen, dunkles Haar, dunkle, warmsprechende Augen und schöngeformte Hände.

1. Ärztlicher Therapieentwurf

1a Klinische Diagnose

Fortgeschrittenes HIV-Syndrom, T4 = 80, T8 = 400, T4-T8-Quotient = 0,2. Morbus Hodgkin ausgehend von der linken Leiste, dort ein kindskopfgroßer Tumor mit Blutstau und Thrombose.

1b Menschenkundliche Diagnose

Erst mit 27 Jahren hatte der Patient den Wunsch, in eine vorher chaotisch gefürte Lebensstruktur Ordnung und System hineinzubringen. Er lernte erst dann einen Beruf. Durch diese Änderung des vorher bestehenden Ungleichgewichtes zwischen Ich und Astralleib einerseits und ätherischem und physischem Leib andererseits, ist es zum Entgleisen des Ätherischen gekommen, das sich in überschießender Lebenskraft lokal jetzt im Morbus Hodgkin niedergeschlagen hat. Ausgangspunkt für die HIV-Situation ist eine dominierende Astralität, die von der Ich-Funktion nicht ausreichend durchdrungen wird.

1c Verordnung anderer Therapien

Stibium-Infusionen als Basismedikament zur Rhythmisierung von Astralleib und Ätherleib. Marcumar zur Blutgerinnungshemmung. Tramal in absteigender Dosis, Conchae D6 als erfolgreiches Mittel gegen Nachtschweiß, Wobenzym (eigener Wunsch), Ferrum ustum, um den gestörten Eisenprozeß ablesbar am Blutbild zu harmonisieren. Helleborus Stärke 5 und Abnoba Viscum D20, lokal gespritzt, außerdem Mal- und Musiktherapie.

2. Heileurythmisches Bewegungsbild

2a Bewegungsdiagnose

Der Patient zeigt in seinem täglichen Auftreten feine Zurückhaltung und einen langsamen Zehengang. Bei Anfangsübungen wie I, A und O zeigt er ein starkes Abknicken nach hinten ins Hohlkreuz. Er bewegt sich vor- und rückwärts scheu und langsam. Anfängliche Armbewegungen zeigen eine Verkrampfung im Schultergürtel und ein starkes Zittern in der Beinmuskulatur bei allen Bewegungen, die nach unten geführt werden.

2b Therapieentwurf

Es gilt, den Patienten in den Beinen zu stärken und im Brust- und Schulterbereich zu entkrampfen. Außerdem muß der Lymphknoten, durch den M. Hodgkin verursacht, in der linken Leiste möglichst zum Abschwellen gebracht und am weiteren Anschwellen gehindert werden. Als drittes gilt es, mit der heileurythmischen Bewegung auf die seit drei Monaten anhaltende Schlaflosigkeit des Patienten einzuwirken.

2c Behandlungsweg und Zielrichtung

Wir beginnen mit konzentrierten Gleichgewichtsübungen I, A, O im Stehen, wobei stark von den Füßen das I aufgebaut wird, um den Rücken zu kräftigen und das Hohlkreuz zu beeinflussen. Beim anschließenden dreiteiligen Schreiten wird auf die Phase des Stellens geachtet, weil der Patient kräftiger seine Füße spüren soll. Anschließend wird im Stehen und mit großen Bewegungen das M erarbeitet, um einen Ausgleich von der oberen Verkrampfung und der unteren Schwäche zu erlangen. Durch eine sofortige tiefe Durchatmung und ein Wärmerwerden in den Füßen berichtet der Patient schon nach der zweiten Behandlung von gutem Nachtschlaf. Als nächstes wird der Laut L so gearbeitet, daß er mit einem Wiegeschritt – die Arme in Taillenzone – ausgeführt wird, um Bewegungen in den Knoten der Leiste zu bringen. Der Patient spricht von einem Erwärmungsgefühl in der Leiste.

2d Revision

Sehr schnell zeigt sich, weil der Patient so intensiv und überschwenglich in die heileurythmische Bewegung einsteigt, daß er die Tendenz hat, sich hysterisch mit den Konsonanten mitreißen zu lassen. Es wird das G mit X-Stellung in den Beinen und das N mit angezogenen Fersen und abgeknickten Knien dazugenommen, was als erstes eine spürbare Kräftigung der Waden und vor allem der Oberschenkelmuskulatur erbringt, gleichzeitig aber in dem jetzt bedenklich vermehrten Schlafzustand ein Bewußtsein und ein Halteempfinden hervorruft. Weiterhin wird das Pentagramm mit den fünf Vokalen gearbeitet und zwar so, daß sowohl die Raumbewegung als auch die Armbewegung von großer Form in die Verkleinerung geführt werden. Das heißt, anfänglich wird das Pentagramm groß, dann mittel und zum Schluß klein – fast nur im Stehen – gearbeitet. Anfänglich gestaltet der Patient zaghafte Laute und verkrampft sich aufs Neue im Schulterbereich. Es wird eine Zeitlang das Pentagramm nur mit dem A gestaltet. Dadurch gelingt es, die Ausatmung wieder gut anzuregen und die Bewegung in Fluß zu bringen – bis über die Fingerspitzen hinaus. Jedoch muß die gesamte Übung mit einem kleinen I vor der Brust neu gestaltet und abgeschlossen werden, da sich der Patient sofort wieder lokkert, wie anfänglich beschrieben, und sich hysterisch im Raum verliert.

2e Vergleich mit gesetztem Ziel und erreichter Bewegungsentwicklung

Alle sieben Heileurythmie-Behandlungen sind ein Kampf zwischen Ausfließen und zu großer Zurückhaltung, zwischen „Ich bin so müde und schwach" und „Ich fühle mich so tiefbestätigt".
Es wird eine Kräftigung in den Beinen, anfänglich vor allem im Lendenwirbelbereich, erreicht. Der Knoten wird am Weiterschwellen gehemmt und der Patient kann eher zu viel und zu tief schlafen.

2f Dauer und Anzahl der Behandlungen

Sieben Behandlungen à ½ Stunde

3 Ärztlicher Abschlußbericht

3a und 3b

Im Verlauf der Behandlung deutlich subjektiv (als auch objektiv) Verbesserung des Allgemeinbefindens. Zunehmende Belastbarkeit, Gewinnung neuer Intentionalität und Lebensziele. Eindeutiger Rückgang der Leistenschwellung, dokumentiert durch Rückgang des Analgetikabedarfs. Anstieg der T4-Zellen auf 140, Besserung des T4/T8-Quotienten auf 0,3.

Kasuistik

Patient männlich, 30 Jahre
mehrere stationäre Aufenthalte mit Heileurythmie

Äußeres Bild

Mittelgroße, schlanke, kräftige Figur. Dunkles Haar, dunkle, warm und interessiert blickende Augen, schön geformte Hände und Füße.

1. Ärztlicher Therapieentwurf

1a Klinische Diagnose

Fortgeschrittenes HIV-Syndrom (AIDS), Morbus Hodgkin ausgehend von der linken Leiste, zunächst deutlich rückläufig, später Hodgkin 4 mit vorübergehender Chemotherapie.

1b Menschenkundliche Diagnose

Aus der vorherigen Dokumentation geht hervor, daß der Patient erst mit 27 Jahren in ein relativ großes Lebenschaos Ordnung und System hineinzubringen versuchte, indem er sich entschloß, eine Berufsausbildung zu beginnen. Der Kampf, eine Führung in die alltägliche Lebensstruktur zu bringen, dauert bis heute an. Der Kampf wird aber nicht abgedrängt, sondern bewußt geführt. So herrscht eine ständige Anspannung der oberen Wesensglieder (Ich und Astralleib) vor, um den entgleisten Lebensbereich zu halten. Die hysterische Grundstruktur des Patienten macht ihm bei diesem Kampf viel zu schaffen, da er neuerdings bewußt erlebt, wie er in der Beurteilung der Dinge und im seelischen Reagieren auf die Außenwelt ständig von Überschwang oder extremer Abwehr hin- und hergerissen wird.

1c Verordnung anderer Therapien

Weiterhin bei jedem Aufenthalt Stibium D6-Infusionen, zusätzlich Mistel in potenzierter Form und Helleborus niger, später kurzfristig Chemotherapie. Bei einem eskaliertem Krankheitszustand verschiedene Chemotherapien und Zytostasen.
Ständig Maltherapie, öfter Musiktherapie und Plastizieren.

Zwischendurch rhythmische Massage der Milz mit Bleisalbe.

2. Heileurythmisches Bewegungsbild

2a Bewegungsdiagnose

1. Bei den zwei ersten Aufenthalten ist das scheue und zaghafte Verhalten in allen Bewegungsaufgaben weiterhin zu beobachten. Bei Aufgabenbesprechungen heißt es stets: „Oh je, das schaff ich nicht“. Da der Patient aber sehr gern Eurythmie macht, ist er schnell zu motivieren, muß dann unter den laufenden Übungen aber sofort wieder gebremst und korrigiert werden.
2. Der Bewegungsfluß hat stets die Tendenz, sich nach oben über den Kopf hinaus zu verflüchtigen.
3. Die Beine sind nach wie vor schwach im Ausgreifen eines männlichen Ganges und hilflos im Gestalten von Rhythmen
4. Allen Bewegungen fehlt das Aufgreifen und Einhalten eines vorgegebenen Zeitmaßes. Der Patient hat zwar in seinem ersten Aufenthalt das große Zeitmaß von Schlafen und Wachen gefunden, in kleinere Zeitstrukturen war er noch nicht einzubinden.
5. Während eines späteren Aufenthaltes wird der Patient bettlägerig und bekommt hohes Fieber. Sein Bewegungsbild wird zarter, aber exakter und wirksamer.
6. Beim letzten Aufenthalt hat man einen kräftigen jungen Mann vor sich, der Bewegungsaufgaben schnell aufgreifen und sinnvoll durchführen kann, der sich aber seelisch noch sehr zweifelnd gegenübersteht.

2b Therapieentwurf und Zielrichtung

1. Es wird stets Hauptanliegen sein, den Patienten zu veranlassen, daß vorgenommene Bewegungen den Leib voll ergreifen müssen. Es müssen Übereinstimmungen von Vornahme und Ausführung geschaffen werden.
2. Die nach oben hin verflüchtigte Bewegungstendenz muß stark an der Gestalt herunter zu den Füßen geleitet werden.

3. Die Beine müssen weiterhin gekräftigt, vor allem aber durch gelaufene Rhythmen in Zeitstrukturen verankert werden.
4. Differenzierte und strukturierte Zeitverhältnisse müssen eigenständig vom Patienten ergriffen und auch durchgeführt werden.
5. Während der Fieberphase muß gezielt fiebersenkend gearbeitet werden.
6. Eigenständige Aufgaben müssen ergriffen werden.

2c Behandlungsverlauf und Zielrichtung

Die früher schon angelegten Laute M, N, L, G und T sowie die Vokale und der Hexameter werden intensiviert und in verschiedenen Variationen weitergearbeitet. Das L haben wir stets sehr vorsichtig gearbeitet, um eine Vergrößerung des Hodgkins in der Leiste zu verhindern. Dafür haben wir stets das M sehr eindringlich gestaltet, um den Bewegungsfluß an der Gestalt entlang herunterzuführen. Der Patient benötigt dringend Raumorientierung, welche wir mit dem bereits angelegten Pentagramm intensivieren. Arbeiten an Gedichten von Fontane und Morgenstern helfen da sehr, sowohl in der Raumausgestaltung als auch in Formung und Gestaltung des seelisch unkontrollierten Überschwanges. Der erlebte Inhalt verbreitet Ruhe in das Krankheitsgeschehen. Wir gestalten außerdem eine Übung mit verschieden geführtem S auf die Raumform eines Dreiecks, wobei die drei Spitzen durch ein stark auf die Zehen gehendes U gestaltet wird. Diese Übung führt der Patient in seinem Zwischenaufenthalt auch zu Hause aus. Nach seinen Aussagen kann er das Ansteigen des Fiebers am Vormittag dadurch beeinflussen. Erfahrungsgemäß braucht der Ausführende zur Gestaltung einer S-Gebärde Konzentration und kräftigen Willensimpuls. Die Ausgestaltung der S-Form von oben nach unten über rechts und links erfordert zutiefst ein Erfassen der Raumdimensionen.

2d Revision

Während der schweren Fieberzeit, in der der Patient stark abgemagert und äußerst schwach im Bett liegt, machen wir täglich Vokalübungen mit den Händen und Füßen, speziell das A und E und weiterhin das S. Wir holen aus der Erinnerung die eurythmische

Gestaltung eines Gedichtes vom Vorjahr herauf: „Im Nebel ruhet noch die Welt ..." von E. Mörike. Als wir diese Lautgebärden zu dem Gedichttext im Liegen am dritten Tage ausführen, sagt der Patient „Es ist eigenartig. Durch die Möglichkeit, eine erarbeitete Gestaltung aus der Erinnerung wieder heraufzuholen, habe ich zum ersten Mal in meinem Leben das sichere Gefühl, wer ich bin".
Beim letzten Aufenthalt arbeiten wir weiterhin mit dem S und U und nehmen zur Kräftigung der Beine das sog. Stoß-E hinzu. Außerdem wird ein Gedicht von Morgenstern eigenständig ausgearbeitet.

2e Vergleich von gesetztem Ziel und erreichter Bewegungsentwicklung

Der Kampf, den der Patient auf sich genommen hat, wird mit allen Höhen und Tiefen gekämpft. Teilweise kann man von erfolgreichem Kampf sprechen. Er hat sich weiter in seiner ganzen Statur gekräftigt, obwohl er eine totale Abmagerung und Entkräftigung durchgemacht hat. Er hat anfänglich überschaubare Zeitstrukturen in seinen Alltag wie auch in seine kunsttherapeutischen Arbeiten aufnehmen können. Er hat sehr gute Raumorientierungen gelernt. Das beweist die eigenständig erarbeitete Form zu dem letzten Gedicht.

2f Dauer und Anzahl der Behandlungen in den vier Aufenthalten

35 Behandlungen à ½ Stunde

3. Ärztlicher Abschlußbericht

3a Klinisch-diagnostisch

Die zwischenzeitlich vollständige Tumorrückbildung des Morbus Hodgkin bei fortgeschrittenem Immunmangelsyndrom (AIDS) zeigt einen ungewöhnlich guten Verlauf. Etwa 1,7 Jahre nach Tumorbeginn ist das erneute Auflackern des Tumorgeschehens jetzt generalisiert und eine praktisch vollständige Rückbildung der klinischen und Laborparameter nach extrem niedrig dosierter Chemotherapie.

3b Menschenkundlich-diagnostisch

Im klinischen Zusammenhang ist es gelungen, daß ein neues Gleichgewicht zwischen höheren Wesensgliedern und Lebensbereich entstanden ist. Dadurch können diese in den Lebensbereich eingreifen und den Tumor zurückdrängen. Zwischenzeitliche Aufenthalte zu Hause haben den Patienten jeweils zurück in seinen alten Gewohnheitsleib geführt, damit ist der kontinuierlich aufsteigende Wandlungsprozeß unterbrochen. Therapeutisches Ziel muß es sein, diesen Wandlungsprozeß zu stabilisieren und kontinulierlicher zu gestalten.

4. Bericht des Patienten

„Ohne die Eurythmie bin ich ein verlorener Halm im Winde. Ich brauche den Halt durch die Übungen, die wir hier erarbeitet haben".

Die Evolutionsreihe

Gotland, St. Olof und die Darstellungen des Schutzpatrons der Insel

Die Insel Gotland liegt in der Ostsee Mittelschweden vorgelagert, unterhalb von Finnland gegenüber den Baltischen Republiken. Die Christianisierung dieser Insel ist nicht genau festzumachen, da sie stets von Seefahrern und Handelsvolk aus verschiedenen Richtungen angesegelt wurde.

In der Wikingerzeit (800-1050) landete der norwegische König Olof Haraldsson (geb. 995), der im Jahre 1014 getauft war, bei seinen ausgedehnten Wikingerreisen in der Ostsee auf Gotland und taufte dort den größten Teil der damaligen Bevölkerung. Wie die Sage erzählt, brachte er zwei wesentliche Dinge auf die Insel, wovon die Menschen noch heute profitieren. Er brachte einen Rosenstock mit und das Geheimnis, wie man Eisen so erhärten konnte, daß es zum Pflug verarbeitet werden kann.

Durch das milde Ostseeklima gedeihen besonders in der Stadt Visby noch heute die Rosen ganz ausgezeichnet, auch die Landwirtschaft wird ebenfalls weitgehend gepflegt. Der König Olof wurde der Schutzheilige dieser Insel und man findet in vielen Kirchen seine Abbilder, von denen weiter unten noch näher berichtet wird.

Der Name Olaf war ein Mysterientitel. Um das Jahr 400 n. Chr. gab es in Südnorwegen, eventuell in der Nähe von Vestfold, eine Mysterienstätte, wo stets der eingeweihte Oberpriester oder Leiter der Mysterienschule ein Olaf – ein Olaf Åsteson – war. Ähnlich wie das Kalevala-Lied aus Finnland wurde in Norwegen durch einen Lehrer und Prediger, M. B. Landstadt (1783-1812) das alte Lied von Olaf Åsteson gesammelt und aufgeschrieben.

Dieses Lied erzählt, daß Olaf am Weihnachtsabend einschläft, 13 Tage und Nächte schlief und träumte. Was er träumt, wird uns nun erzählt – leider nicht ganz vollständig. Von Rudolf Steiner wissen wir, daß es noch mehr Strophen gegeben haben muß. Olaf macht im Traumbewußtsein den Gang der menschlichen Seele durch das nachtodliche Geschehen durch. Dabei geht er durch den Zodiak, wovon einzelne Sternbilder noch erhalten sind, z. B. der Stier, und gelangt über die Milchstraße hin zum Paradies, wo er den Erzengel Michael als Weiser auf den Christus hin erlebt und dann den Christus als Weltenrichter sieht.[12]

Auf den Darstellungen, die man in den vielen gotländischen Kirchen findet, ist König Olaf der Heilige oft so abgebildet, daß er mit beiden Füßen fest auf einem Schlangenleibe steht, der aber einen Menschenkopf trägt, und zwar immer den, den die eigentliche Königsfigur auch hat. An dem unbefangenen Betrachter ziehen folgende Gedanken vorüber: Durch die Olaf-Einweihung, das Schauen der Christuswesenheit in der nachtodlichen – geistigen Welt, hatte dieser König die Kraft, seinen kreatürlichen Leib mit allen seinen Begierden und Leidenschaften zu besiegen und damit zu überwinden und sich einen neuen königlichen Leib aufzubauen. Sein Bewußtsein, das vom Haupte aus diese Wandlungsarbeit leistet, bleibt aber erhalten, bis in Haar- und Barttracht und erneuerter Krone. Die Gotländer wählten also einen Schutzpatron, der ihnen mit dem Christentum den Umwandlungsprozeß auf die Insel brachte.

Die Evolutionsreihe

Am Ende des Kurses für Lauteurythmie sagt Rudolf Steiner: „Wir müssen nun sagen, der Mensch ist in seinem ganzen Wesen nach mit seinem irdischen Dasein nicht vollendet. Er verläßt mit seiner eigenen Wesenheit den irdischen Körper, indem er durch die Pforte des Todes tritt. Er setzt gewissermaßen sein Dasein über das Erdendasein hinaus fort.“[13]

Im Jahre 1914 gab Rudolf Steiner der russischen Eurythmistin Tatiana Kisseleff in Dornach eine Reihe von Konsonanten, die sie hintereinander, in Verbindung miteinander, im Übergang von Laut zu Laut zueinander üben sollte. Diese Lautreihe heißt ‚Evolutionsreihe‘, und wir wollen untersuchen, von woher nach wohin man

---

[12] Steiner, Rudolf: Der Zusamenhang des Menschen mit der elementarischen Welt; GA 158, 7., 8. und 9. Vortrag mit Anmerkungen

[13] Steiner, Rudolf: Eurythmie als sichtbare Sprache; GA 279

St. Olof, Schutzheiliger von Gotland

gelangen kann (Evolution), wenn man diese Laute übt. Im Laufe der nun bald 80 Jahre ist diese Reihe für sehr viele Menschen, nicht nur für Eurythmisten, eine ernsthafte und dazu wohltuende Übung geworden.

Wir gehen durch die zwölf Konsonanten erst einmal in Dreier-Schritten hindurch und bemerken, was uns die äußere Bewegung sagen will.

Da haben wir eine Gebärde, die aus dem Umkreis heraus sich auf den Menschen konzentriert, als nächstes – eine fließende Gleitbewegung – die die Gestalt zu ertasten sucht, um dann mit einem gewissen Nachdruck an das Ende der Gebärdenführung zu kommen.

Der nächste Dreierschritt beginnt mit einer kurzen, gezielten, intensiven Bewegung hin und zurück in die nächste Umgebung, um sich weiter groß über den Kopf hinaus in den Luftraum zu ergießen und sich anschließend vor dem Brustraum zu sammeln, die Arme nach beiden Seiten über Vorne quellend zu verströmen und wieder vor der Brust erneut sich sammeln zu lassen.

In diesen beiden ersten Dreierschritten sammelt der Übende durch die eben geschilderte Gebärdenführung sich selbst, ertastet, durchklingt und befestigt sich. Im nächsten Schritt ergründet er seinen ihn umgebenden Umraum – nach vorne, nach oben und nach unten, nach den Seiten zu mit jeweils stoßender, dann überaus regsamer und schließlich fließender quellender Bewegung.

Nun ist mit dieser letzten Gebärde, die aus einer Sammlung heraus nach oben hin aufblüht, sich zu den Seiten verströmt und in die Sammlung wieder einmündet, in der großen Linie der Bewegung eine Umwandlung angeregt. Bis hierher begriff der Übende sich selber und seinen Umraum, er vollzieht jetzt einen Wandlungsprozeß.

Es kommt der nächste Dreierschritt: dieser gestaltet sich zuerst mit einer Gebärdenführung, die von innen nach außen geht, die dem Übenden einen Freiraum schafft und nach außen Grenzen setzt, ein stoßiger Stoßlaut! Sodann schließt eine luftige, leichte Bewegung an, die vom Übenden im Übergang von der eben gesetzten Grenze zu der weit ausholenden, herausführenden Luftigkeit große Aufmerksamkeit und ungeheure innerliche Regsamkeit erfordert, damit diese Bewegungsführung überhaupt gelingt. Auf diese beiden Gegensätze darf dann mit einer schmalen, schnellen, blasenden Bewegung geantwortet werden.

Der letzte Schritt ist, auch wenn er flüssig geübt wird, stets neu rätselhaft. Wir haben zuerst eine stark formende, kräftige Bewegung. Dann reagiert der Übende fast passiv (äußerlich) auf eine ihn umwehende Luft, um dann mit den symmetrisch geführten Armen eine Art Torgebärde abschließend zu bilden. Bei diesen drei Lautgebärden entfallen alle äußerlich sichtbaren Assoziationen. Es sind dies Schritte von kraftvoller Formgebung über aufnehmende Passivität zur Gefäßbildung, zum Tor für einen neuen Beginn.

Wir können also im Gestalten von aufeinanderfolgenden Lautgebärden eine bewegte Plastik darstellen, die sich inhaltlich sehr an die Darstellung von St. Olof auf Gotland anlehnt. Denn auch in der Evolutionsreihe durchschreiten wir eine Wandlung unseres Menschseins.

Schauen wir uns unter diesem Gesichtspunkt noch einmal die Laute einzeln an.

B Es ist ein sich umfassender, sich selber schutzgebender Laut.

M Durchdringt die Materie und verbindet sich mit ihr.

D Hier landet der Mensch bei sich selbst.

Damit ist der erste Dreierschritt getan.

N Diese heraustastende und heftig zurückschnellende Gebärde bringt ungeheure Wachsamkeit an den Übenden heran.

R Nun ist geführte Aufregung, höchste Sensibilität angesagt, welche im

L wieder zur Ruhe – aber gewandelter Ruhe – gelangt.

Bisher reagierte der Übende mehr, jetzt hat er eine neue Stufe nach vollzogener Wandlung vor sich, welche mit dem

G im Ansatz der Gestaltung (von innen heraus) beginnt.

CH greift in weite Räume und führt die Luft an den Körper heran. Hier ist von größter Bedeutung, daß die Bewegung gefühlvoll ausgeführt wird. Ebenso darf das

F nicht geschlagen oder hart ausgeführt werden.

HÆC ARA REPARATA EST ANNO 1723

G, CH und F müssen äußerst sensibel gestaltet werden.

Mit dem **S** geschieht ein Ruck in der Entwicklung dieser Lautreihe. Es erfordert gezielte Ausführung und Formkraft, verbunden mit innerer Helligkeit, um nicht in diese starke Kraft eingesogen zu werden.
H Hier ist das Empfangen und darauf Reagieren äußerst wichtig. Es hat nach der Ausführung der Gebärde einen langen Nachklang – wie ein Lauschen auf das angeregte Tun hin.
T ist die Gefäßbildung für den Einschlag aus gesteigertem Bewußtsein heraus.

Der Übende hat hier die Möglichkeit, eine Umwandlung an und in sich zu vollziehen, indem er Lautgebärden gestaltet und im Übergang zur nächsten Gestaltung auflöst – besser gesagt entlöst. Am Ende eines jeden Dreierschrittes ent- oder erlöst er im Übergang zum nächsten einen Zusammenklang von Gebärden – ein Motiv – um es in ein neues zu wandeln. Nach zwei Dreierschritten könnte man beinahe von einem Themenwechsel sprechen.
Dieses Erüben der Evolutionsreihe kann in jeder Lebenssituation erarbeitet werden. Je nachdem, was zu einem gewissen Zeitpunkt wandlungsbedürftig ist, können es äußere Lebensumstände sein die bedrücken. Es können lange seelische Schwierigkeiten durch Wandlungen erlöst werden, es kann krankhaft organischen Prozessen geholfen werden.
Die Gotländer haben einen wahrhaft heilsamen Schutzpatron in St. Olof gewählt.

Ephesus und Patmos

Einige Betrachtungen über die albuminisierenden Kräfte der Vokale und die antimonisierenden Wirksamkeiten der Konsonanten

Im Jahre 1923 hat Rudolf Steiner den Ärzten eine mehr oder weniger rätselhafte Aussage gemacht. Er spricht davon, daß er aus der Eurythmie heraus nun die Heileurythmie entwickelt hat und daß diese durch ihre natürliche Gegebenheit von Vokal- und Konsonantengebärden die grundlegenden Tendenzen zur Bildung des Menschen, nämlich die albuminisierenden und die antimonisierenden Kräfte anregen und unterstützen können.[14]

Als Heileurythmistin, die den Arzt in seiner Tätigkeit ständig unterstützt und weiterführt, habe ich mich nun lange Zeit mit diesen sehr knapp gehaltenen Aussagen beschäftigt. Da ergibt sich zunächst rein äußerlich folgendes Schema:

Albuminisierend	Antimonisierend
Vokal – Verselbsten	Konsonant – Entselbsten
Wirkung – zentripedal	Wirkung – zentrifugal
Wirkung – Blut verflüssigend	Wirkung – Blut gerinnend
Wirkung – Aura verdichtend	Wirkung – Aura erweiternd
Wirkung – Ausatmung	Wirkung – Eintamung
Beweger	Former
Substanz schaffen	Gestalt bildend
Zeit	Raum
Planetenkräfte	Tierkreiskräfte
Stofftrieb	Formtrieb

Spieltrieb

[14] Steiner, Rudolf: Anthroposophische Menschenerkenntnis und Medizin; GA 319, 28. 10. 1923

Vertieft man sich nun in eine solche Aufzählung, so treten einem die vordergründigen Widersprüche auf der einen, wie auf der anderen Spalte sofort in die Augen. Wir haben in der Spalte Vokal:
Aura verdichtend – Verselbsten – zentripedale Wirkungsrichtung – Substanz bilden und außerdem, Blut verflüssigen, Blut auflösen.
Wir befinden uns offensichtlich bei reiner äußeren Betrachtung dieser Begriffe in einer anderen als der festen materiellen Ebene. Es handelt sich bei Vokal und Konsonant, wie auch bei albuminisierenden und antimonisierenden Kräften um Wirksamkeiten in der Lebensebene und der seelischen Ebene (Ätherleib und Astralleib). Da sich unser Denken zwar auf der physischen Grundlage unseres Gehirns, aber in seiner Tätigkeit und Auswirkung auch im Bereich der Lebensebene abspielt, können wir uns auf diese Weise diesem therapeutischen Rätsel vielleicht nähern.

Albuminisierend

Gehen wir zum Ansatz der sprachlichen Gestaltung der Vokale zurück: Der auszuatmende Luftstrom wird in seinem Strömen nicht durch Zähne oder Lippen unterbrochen. Er wird vom Kehlkopf aus mit wenig äußerer Impulsierung durch den ganzen Mund hindurch geleitet. In der Reihenfolge der Vokale A E I O U beginnt der Ansatz hinten am Kehlkopf und wird durch den Gaumen, Unterkiefer bis hin zu den Lippen geführt. Die eurythmische Gebärde greift diese fließend-strömende Bewegung auf und bringt sie mit Hilfe der Symmetrie ihrer Arme (Beine) in – interessanterweise – die Grundgesetze der Geometrie folgenden Formen:

A – Winkelstellung
E – Kreuzung
I – Streckung
O – Rundung
U – Parallelen.

Wir haben von unserem Schema ausgehend fünf grundlegende unterschiedliche substanzbildende Gesetzmäßigkeiten.
Das heißt nun nicht, daß z. B. eine Nierensubstanz im Mikroskop nur in Winkelbildung, eine Lebersubstanz nur in Rundungen zu

betrachten wäre. Wir haben in der Vokalkraft, der albuminisierenden Kraft, eben auch die Blut auflösende Tendenz.
Es muß einen Übergang geben, der ganz auflöst, aber die Verdichtungstendenzen zur Substanz Niere aus dem „Plan" der Winkelstellung des A heraus nimmt. Dieser Übergang oder besser gesagt Nullpunkt von der Kräftewirksamkeit: Verdichten, Verselbsten, Winkelbildungsmöglichkeit und Auflösung hin zu physischer Substanzbildung ist das eigentliche Leben, was den physischen Organismus Niere im physischen Organismus Mensch lebend erhält. In diesem Falle helfen dabei die Planetenkräfte der Venus. Sucht man nach Möglichkeiten, wo die Kräftewirkungen einer Venusplanetensphäre im Physischen ihre Auswirkungen haben, stößt man auf das Metall Kupfer. Die Venuskräfte am Himmel und das Kupfer in der Erde eines Berges sind zwei völlig separate Dinge im Weltenzusammenhang. Das Spannungsverhältnis aber, was von Planetensphäre zu Substanzbildung über Auflösung, also wieder durch den Nullpunkt gegangen ist, das ist Leben. Vom Arzt oder Therapeut aufgegriffen und noch einmal durch einen Nullpunkt hin zur menschlichen Nierensubstanz geführt, erzeugt es neuerliches Leben. Ein materieller Begriff für Leben ist auch Eiweißbildung, also Albuminbildung. Von einer menschenkundlichen Anatomie aus gesehen, finden wir die Planetenwirksamkeiten am Kopf des Menschen eintretend und strömend bis in die Peripherie der Gliedmaßen sich ausbreitend.
Hier setzt nun auch die Therapiemöglichkeit der Heileurythmie an. Die strömende, sich ständig verändernde, durch einen Auflösungsprozeß in neue Substanzbildung übergehende Gebärdensprache der Vokale, kann bei Organstauungen oder Organüberfunktionen heilend eingreifen.
Der Begriff Heilen umfaßt von je her folgenden Prozeß:
Leben in dem physischen Organismus neu zu entfachen, anzuregen oder in sinnvolle Bahnen zu lenken. Niemals kann man unter Heilen eine physische Reparatur verstehen, selbst in der Chirurgie nicht. Eine Heilung wird vom Individuum selber ergriffen und somit nachhaltig wirkend ausgeführt. Da wir in der Heileurythmie uns sowieso in einem nicht stofflichen Medium bewegen, haben

wir hier gezielte Anwendungsmöglichkeiten durch strukturiertes Zeitvorgehen. Die einzelnen Vokale und ihre Ambivalenz zu einzelnen Planetenwirksamkeiten können speziell bei den zugehörigen Organen eingesetzt werden. Dieser Einsatz kann aber nur in sich wiederholender, rhythmischer Folge täglich über einige Wochen hin und mit exakt durchgestalteten Pausen angewandt werden. Wir befinden uns hier im Mittel Zeit und arbeiten mit der „Substanz" Zeit. Wir haben nun unseren physischen Körper, den wir in rhythmischen Zeitabläufen den Vokal A gestalten lassen. Diese Anleitung zum Üben (üben heißt sich stets neu mit regelmäßigen Wiederholungen zu verbinden), die der Therapeut der im Krankheitsfall geschwächten Individualität anbietet, ist ein wesentlicher Bestandteil der Heileurythmie.

Antimonisierend

Nun betrachten wir die andere von Rudolf Steiner angegebene therapeutische Möglichkeit. Aus dem Schema einige Dinge heraus gehoben, ergibt äußerlich gesehen wieder einen Widerspruch in sich: Aura durchlichten – Entselbsten – Gestalt bildend – zentrifugale Wirksamkeitssphäre – Blut gerinnen lassen – Einatmung. In einer nicht stofflichen Ebene müssen wir auch hier keine groben Gegensätze sehen, es herrscht auf der Lebensebene ein „Kommen und Gehen" vor.

Wir gehen aber auch hier erst zu der physischen Sprachbildung der Konsonanten zurück. Anders als beim Vokal werden hier Zähne, Lippen, Zunge, Gaumen gefordert, um den auszuatmenden Luftstrom zu formen und zu gestalten.

Sprechen wir ein F so werden die Lippen schmal gehalten, der Luftstrom in schmaler, rascher Bewegung ausgeblasen. In der Eurythmie führen die Arme eine rasche, stoßweise sehr intensive Bewegung durch (Blaselaut).

Sprechen wir ein B, so hält der ganze Mund den Ausatmungsstrom fest und stößt ihn ganz zuletzt kurz und gehalten von sich (Stoßlaut). In der Eurythmie haben wir mit beiden Armen, oft dazu mit den Beinen, eine runde umfassende, aber asymmetrische Gebärde.

Das interessante an den Konsonanten ist aber, daß wir sie nur im Augenblick der spontanen Ausführung physisch sehen können. Sie sind schon während der augenblicklichen Gestaltung wieder im Wandel begriffen. Sie sind Bewegung innerhalb von Bewegung. Sie können einarmig, zweiarmig, einbeinig, mit der ganzen Gestalt ausgeführt werden; sie sind aber nicht festzuhalten. Die Ursprungsgeste aber der Konsonanten kommt aus den Tierkreiskräften. Diese Tierkreiskräfte, Fixsterne, sind wie Gesetzestore, aus denen sie uns die Bilder ihrer Aussagekräfte als Konsonanten herschicken. Für ein irdisches Bewußtsein kann ich eben diese ungeheure bewegliche Bewegung der einzelnen Konsonanten nur in Bildern festhalten. Will ich einem Patienten die Stoßkraft und Wirksamkeit eines in Heileurythmie ausgeführten Fs nahebringen, muß ich von brausender Windbewegung sprechen, die durch den Organismus stößt. Ein B hat eine beruhigende B-aum, b-ildende Gebärde.

Zurück zu unserem Schema stehen wir hier mit all der nicht zu fixierenden Bewegung der Konsonanten auf der Seite der Formgebung, der Gestaltbildung. Wir wollen bei dem Beispiel der Niere bleiben. Beide Konsonanten, das F, wie auch das B, sind erfolgreich bei Blasen- und Nierenleiden.

Nun müssen wir hier einen kurzen Abstecher ins Allgemeine tun. Was heißt Krankheit eines Teils des menschlichen Organismus vom Standpunkt eines Bewegungstherapeuten aus gesehen? Was heißt gesund sein in eben diesem Sinne gesehen? Gesundsein beinhaltet doch, daß das Individuum ständig, in jedem Augenblick in der Lage ist, die physische Ebene seines Daseins in die Lebensebene und noch höhere Transsubstanzen zu wandeln. Nichts an physischer Materie am gesunden Menschen ist mit irgendeiner Materie in der Umwelt identisch – alle Stoffe sind gewechselt. Ebenso sind alle flüssigen, alle luftigen Elemente der Außenwelt gewechselt zur Innenwelt.

Kranksein nun heißt, daß das Individuum nicht die Kraft hat, mit irgendeinem dieser Umwelt- (Außenwelt)faktoren in die menschengemäße Kommunikation zu kommen.

Zurück zur Heileurythmie und den Konsonanten. Hat das Individuum durch vielleicht Überlastung an Aufgaben nicht die Möglichkeit, seine Niere (unbewußt natürlich) zu seiner individuellen normalen Bewegungsaufgabe zu stimulieren, kann es zu Migräneanfällen kommen. Die Niere schafft ihren nicht nur menscheneigenen, sondern sogar individuumseigenen Rhythmus von Aus- und Einscheidung nicht mehr. Sie macht sich selbständig. Durch vielfach wiederholte Bewegungen des formgebenden Fs oder Bs in Heileurythmie ausgeführt, kann ich dem Individuum helfen seine Nierentätigkeit sozusagen „in den Griff zu bekommen".
An dieser Stelle nun kommen wir zu der therapeutischen Situation. Es gehören zu dieser Situation der Dialog von mindestens drei Menschen, von Patient, Arzt und Therapeut (oft mehreren Therapeuten aus verschiedenen Gebieten). Der Arzt bringt seine fachwissenschaftlichen Kenntnisse, der Patient sein Befinden, der Therapeut sein künstlerisches Mittel zu diesem Dialog mit ein. Dann wird gemeinsam herausgearbeitet, was nun speziell im Einzelfall (z. B. gestörter Nierentätigkeit) angewendet und erübt werden muß (z. B. das A, das F oder das B).
Noch einmal zurück zu diesen Widersprüchen der antimonisierenden Kräfte des beweglichen Konsonanten aus der Tierkreissphäre heraus: Aura durchlichtend und formgebend.
Innerhalb der Lebensebene sieht eine Gestaltgebung eben so aus:

oder so aus:

Wenn sie zu einer kristallisierten Form würde, fiele sie heraus aus ihrem Lebenszusammenhang.

Ein Beispiel aus dem künstlerischen Tun eines Heileurythmisten kann das „umgekehrte“ Denken der Lebensebene vielleicht verdeutlichen. In einem Wochenspruch vom November lautet der Text „Das Licht aus Geistestiefen nach außen strebt es sonnenhaft“.
Die von Rudolf Steiner gegebene choreographische Form zu diesem Wochenspruch sieht so aus:

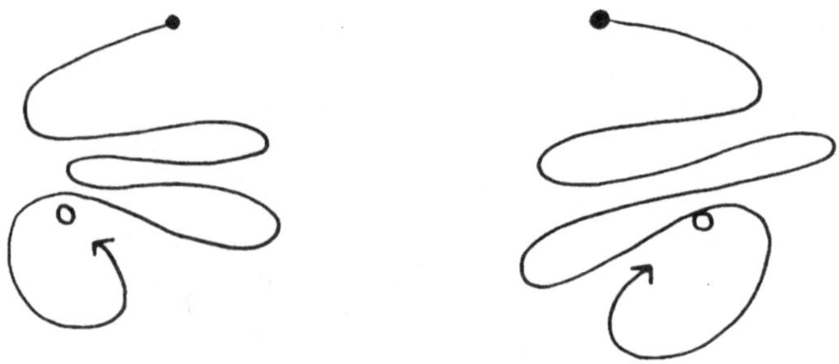

Dieser Text wird von vier Eurythmisten ausgeführt, zwei stehen und zwei laufen diese Form spiegelbildlich.
Der Text beinhaltet, daß „das Licht aus inneren Tiefen nach Außen strebt“. Die choreographische Angabe aber ist eine einwickelnde, sich zusammenziehende, auf den Mittelpunkt konzentrierte Spirale. Es wird also in der bildhaften Darstellung dieses Textes gezeigt, daß derjenige, der diese Darstellung gestaltet, wie auch derjenige, der sie sich anschaut auf der Bühne, innerlich einen Sprung tun muß, sowohl beim ausgestaltenden Tun als beim Betrachten. In diesem jeweilig neu vollzogenen „Sprung“ aber liegt der Übergang von toter Materie zu lebender Materie.
Vielleicht kann der Leser an dieser Stelle nachvollziehen, daß bei einer Fernsehwiedergabe solche Prozesse gerade wie dieser „Sprungaugenblick“ nicht dargestellt werden kann. Wie man bei den vielen Händedrücken der Politiker im Fernsehen auch nicht den eigentlichen „Sprung“ der von Hand zu Hand geht (oder auch nicht geht) als Zuschauer wahrnimmt.

Albuminisierende und antimonisierende Kräfte

Bei einer denkerischen Auseinandersetzung im Bereich der Lebensebene ist es ganz wichtig, daß man sich abgewöhnt, in Gegensätzen zu denken. Es gibt in dieser Sphäre kein schwarz oder weiß. Es gibt aber auch nicht ein „nur verwaschenes Grau". Vor allem sollte man mit Pauschalurteilen, welches in Therapeutenkreisen herrscht, z. B. beim Menschen wirken alle abbauenden Kräfte von oben, von unten wirken die aufbauenden Kräfte, vorsichtig sein. Wir haben selbstverständlich einmal aus den Wandelsternen heraus die Substanz bildenden Tendenzen, von den Fixsternen her die Gestalt bildenden Kräfte, aber sie sind in sich alleine ohnmächtig. Eine Substanz fließt stets in irgendeiner Form, wenn auch in unförmiger Form und unaufhörlich, aber sie begibt sich ständig von sich aus zu einer Gestalt hin. Substanz muß sich stets verselbsten wollen.
Eine Form andererseits, ein Gefäß, eine Umgrenzung ist in seinem Sein stets mit Substanz angefüllt, muß aber stets den Willen zum Entselbsten haben, sonst fällt sie als tote Materie heraus aus ihrem Sein.
Was ist nun für beide Tendenzen die lösende Erlösung? Der Rhythmus. Da, wo das sich Verselbstende auf Begrenzung stößt, entsteht Rhythmus. Eines gibt dem Andern und nimmt zugleich von ihm an. Nur so können wir Planetenkräfte und Tierkreiskräfte, denen wir als Mensch ständig ausgesetzt sind, aushalten und im Sinne des erweiterten „Stoffwechsels" umwandeln.
Was ist als erlösendste Mittel im Zwischenmenschlichen über die ganze Erde hin ausgebreitet? Die Sprache. Schauen wir auf das Wunderwerk der Sprache mit ihrem Klangspiel von Vokal und Konsonanten. Versuchen wir einmal nachzuspüren diesem Folgenden:

ü e – a e – i e – i – u

oder:

b r – l l n – g p f l n – s t – r h

und dann die Erlösung:

Über allen Gipfeln ist Ruh

Es entsteht dann die Frage, ob Völker wie das ungarische oder finnische Volk besondere Formkräfte brauchen oder bereits haben,

da sie eine sehr konsonantenreiche Sprache praktizieren. Das italienische Volk dagegen hat viel Eigenwilligkeit oder möchte sie haben, da es eine vokalreiche Sprache gebraucht.
Nun läßt sich auch ein wenig verstehen, was es für ungeheure hilfreiche Kräfte sind, wenn das Individuum angeleitet wird, sich in diese Sprachkräfte mit Hilfe der Heileurythmie hineinzustellen, sie aufzugreifen und sie schließlich selber auszuüben. Eine Tätigkeit mit dem ganzen Körper ausgeführt, nicht nur mit Kehlkopf, Zunge, Lippen und Zähnen, die den Gesetzen einer Vokalbildung (albuminisierend) oder Konsonantengestaltung (antimonisierend) folgt, in rhythmischer Folge erübt, ruft zutiefst die urständigen Möglichkeiten des Individuums auf: Außermenschliches in Innermenschliches zu verwandeln, und so von Krankheit zu Gesundheit zu gehen.

Das schönste Bild für beide Wirksamkeiten in rhythmischer Vereinigung haben wir in der Gralsschale.

Die albuminisierenden Kräftetendenzen und die Artemis von Ephesus

Im 7. Vortrag des Heileurythmiekurses findet sich folgender Satz: „Und sie können diesen Prozeß, ich möchte sagen, wiederum mit Händen greifen, wenn sie sich vorstellen, daß mit der Tendenz, ein Kugeliges nach vorne zu schieben, von außen nach innen, da etwas sich bildet und daß dem sich entgegenstellt ein Kugelbildungsprozeß von unten nach oben".[15]

---

[15] Steiner, Rudolf: Heileurythmie; GA 315

Um diese Bildeprozesse noch mehr ins anschaubare Bild zu bringen, möchte ich einige Gedanken zur Anregung zur Verfügung stellen:
Im Museum von Antalya befindet sich ein Stein, der der Überlieferung nach vom Himmel gefallen und an der anatolischen Küste von den Ureinwohnern gefunden worden.

Hella Krause-Zimmer macht in einem Aufsatz in den „Blätter für Anthroposophie“ vom Jahre 1961 darauf aufmerksam, daß die uns bis heute überlieferten Artemisstatuen, geht man ganz um sie herum und betrachtet man sie nicht nur von vorne, so gestaltet sind, daß das Vorderteil wie „angezogen“ wirkt, daß das Gesicht der betroffenen Gestalt durch eine Maske schaut und daß man von hinten her erkennt, daß die Gestalt mit einem fließenden Gewand bekleidet ist.
Wandert man an der anatolischen Küste der sogenannten kleinasiatischen Küste entlang, wo von Pergamon angefangen über Ephesus, Aphrodisias, Didyma, Milet bis Priene eine Mysterienstätte nach der anderen liegt, so fällt einem noch heute auf, daß die Berge zwar mächtig, aber nicht schroff, dafür unendlich zahlreich aus dem Meer aufsteigen. Das Meer in offenen, breiten, sehr flachen Buchten in das Land hineinspielt.
Hier geht die Sonne stets im Rücken der Berge auf und versinkt am Abend ins Meer hinein.
Auf dieses Land ist in Urzeiten dieser rätselhafte Stein vom Himmel gefallen und eine der bedeutendsten Gottheiten des Altertums hat diesen Stein „angezogen“ oder hat diesen Stein „auf sich ge-

nommen". Sie hat der Urbevölkerung des Altertums gezeigt, was für eine Aufgabe das Menschenwesen sich zu eigen machen sollte, in dem es die Kräfte, die in diesem Stein liegen; 1. erkennt, 2. liebt und 3. sinnvoll gebraucht.

Schauen wir noch einmal auf unseren Anfangssatz zurück „... ein Kugeliges schieben" und schauen wir uns eine Artemisstatue genauer an: Aus einer Krone, die oft einen Tempel, oft auch einen Bienenkorb darstellt, bilden sich die geflügelten Wesen, die weiter in fabelhafte Tierwesen bis zum Menschenantlitz hinabsteigen. Um den Hals herum schwingt sich zuerst eine Art Zodiak, dann schwingen sich Früchte, oft auch kleine Bienen oder Käfer herum, anschließend folgen die unzähligen Brüste (oder Zapfen oder Kaktusfrüchte?) im mittleren Bereich, die dann nach unten in streng unterteilten Tierarten bis zu den Füßen auslaufen. Der Überlieferung nach war diese Gottheit eine Urmuttergottheit oder Fruchtbarkeitsgottheit. Wir können vielleicht so sagen, daß dieser Stein „vom Himmel gefallen" einmal der Menschheit die Aufgabe zeigte: *arbeite dich aus Stein, Pflanze, Tier zum Menschen heraus. Schaffe aus überquellenden Substanzkräften, Weltenurkräften, das spezifische Mencheneiweiß, die Menschensubstanz heraus*. Die Gottheit Artemis zeigte den Weg dazu, in dem sie sich diesen Menschwerdungsprozeß „anzog".

Wir können sehen, daß im Fortgang der menschheitlichen Entwicklung aber irgendwann einmal mit der unendlichen Bildekräftetendenz ein Ende stattfinden mußte. Dieses Ende hat dann auch Herostrat im Jahre 356 vor Christus in seinem Wahnsinn gesetzt, indem er das Urmutterheiligtum, den Tempel von Ephesus, anzündete und vernichtete.

Das Artemision wurde in Urzeiten laut Pausanias einmal von Amazonen gegründet. Auf griechischen Vasen sind diese Amazonen in thrakischer und skytischer Tracht dargestellt.

Artemisstatue aus Ephesus

Die antimonisierenden Tendenzen und Johannes der Apokalyptiker

Auch hier soll ein Satz aus dem Heileurythmiekurs aus dem 8. Vortrag den Grundgedanken für die folgenden Beobachtungen anregen: „Wir haben ja doch, wenn wir die Einatmung betrachten, zunächst den Einatmungsweg zu verfolgen in seiner Ausbreitung zunächst im mittleren Teil des menschlichen Teil des Organismus, dann aber durch den Medialkanal, Rückenmarkskanal in das Gehirn hinein und die Gehirntätigkeit ist ja im wesentlichen ein Zusammenklingen der in das Gehirn hinein verfeinerten Atmungstätigkeit mit der Nervensinnestätigkeit“.[16]

Der anatolischen Küste gegenüber liegen eine Reihe von Inseln, die Inselgruppe Dodekanes, eingebettet in das ägäische Meer, darunter auch die Insel Patmos.

Der Hafen von Patmos war schon zu Zeiten der Zeitenwende so gebildet, daß er nach Osten hin eine halbrunde Öffnung bietet.

Entstanden ist diese Öffnung, weil das Ganze einmal ein Vulkan war, der zu einem Drittel im Meer versunken ist, so daß die größte

[16] Steiner, Rudolf: Heileurythmie; GA 315

Innenseite des Vulkans das bis heute gebrauchte Hafenbecken von Skala abgibt.
Wandert man auf dieser Insel herum, so hat man über und in der näheren Umgebung von Skala ständig das holprige Vulkangestein zu überwinden.
Auf genau halber Höhe zwischen dem Meer und dem sogenannten Rand des Kraters, wo sich heute die Chora, die Altstadt mit dem großen Kloster befindet, liegen eine Reihe von Grotten und tiefen Höhlenbildungen, wovon die größte von allen umbaut ist, weil hier Johannes in den Jahren 94 und 95 die Bilder der Apokalypse empfangen hat.
Steigt man ganz hinauf zur schon erwähnten Chora, breitet sich von da eine weite Hochebene aus, die eigentliche Insel, die auch heute noch spärlich besiedelt, voll von dornigem Gestrüpp bewachsen ist. Auf der anderen Seite der Insel, auf der Seite, die nach Westen hin ins Meer absteigt, gibt es noch mal eine Höhle, in der noch heute warme Schwefeldämpfe aufsteigen. Hier hat in alter Zeit der Zauberer Kynops gehaust und viel Unsegen von dort aus verbreitet. Zur Zeit der Zeitenwende existierte bereits am Ort der heutigen Chora eine Menschensiedlung und an der Stelle des heutigen Klosters gab es einen Artemistempel.
Noch eine Eigenart herrscht auf Patmos von Urzeiten her. Die Insel hat ja eine ausgesprochene Nord-Süd-Lage. Nun kommt seit Menschengedenken an jedem Tag, mal stärker, mal weniger stark, gegen Vormittag ein Wind auf, der von Norden nach Süden bläst, der gegen Nachmittag wieder abklingt. Es ist ein nie drehender Wind, es ist ständig die Windrichtung von Norden nach Süden. Ähnliche Windverhältnisse hat man am See Genezareth. Dieser Wind, der auch in der übrigen Ägäis herrscht, machte von jeher der Schiffahrt viel zu schaffen und aus diesem Grunde ist auch heute noch der Hafen von Skala zu bestimmten Zeiten für die Schiffahrt schwer anlaufbar.
In den Jahren 92 bis 94, man weiß es nicht genau, kam nun auf diese Insel ein Mann – Johannes. Er hatte den Christus in Palästina erlebt. Er war der erste Mensch, der die neue Einweihung in noch alter Mysterienform von Christus vollzogen erleben durfte. Außer-

dem hatte er die Gottheit erlebt, die als Mensch an seinen Mitmenschen die Fußwaschung vollzog. Dieser Mann wurde um das Jahr 82 nach Christus in Ephesus, wo er vom Christus lehrte, von den Römern verhaftet und nach Rom gebracht. Hier in Rom wurde er als Ketzer zum Tode verurteilt. Der Tod sollte mit Übergießen von siedendem Öl vollzogen werden. Da dieser Mann aber schon in Jerusalem durch Einweihung zum zweiten Leben gekommen war, machte ihm dieses siedende Öl nichts aus, er überlebte. Die Römer waren darüber so bestürzt, vor allem so beunruhigt und verunsichert, daß sie aus Furcht diesen Mann auf den unwirtlichsten Ort der damals bekannt war, verbannten, nämlich auf die Insel Patmos. Das Schiff, mit dem Verbannten und seinen Aufsehern, ein höherer römischer Beamter mit seiner Familie, geriet bei der Überfahrt in der unwirtlichen Ägäis in Not und ein Kind des Römers fiel ins Wasser. Johannes konnte es retten und der römische Beamte gelangte zu ihm in ein ehrfürchtiges Verhältnis, so daß dieser den heiligen Mann, als sie die Insel erreichten, frei herum laufen ließ.
Da wanderte nun dieser abgeklärte alte Mann über diese rauhe Insel, an der Höhle des Zauberers Kynops vorbei über Lavagestein zur Grotte innerhalb des Vulkankraters. Noch heute hört man oberhalb des Hafens und unterhalb der Kirche, die um die Grotte gebaut ist, bei diesem stark wehenden Nordwind die eigenartigsten Klänge und Töne, die sich in diesen Grottenbildungen ergeben. Hier hörte nun dieser wunderbare alte Mann die Zukunft der Menschheit und diktierte sie seinem Schüler Prochoros, in der gewaltigsten Sprachformung, die die Menschheit bis heute erlebt hat. Das sind bildhafte Sprachkräfte, die die Menschengestalt selber und das Menschengeschick überhaupt noch lange mit ungeheurem Kräftepotential versorgen können.
Johannes blieb nicht lange auf Patmos, er wurde sehr bald frei gelassen und zog hinüber zum Festland nach Ephesus.
Hier hatte er früher für die Mutter Jesu auf dem Nachtigallenberg ein Haus gebaut und mit ihr hier gelebt. Am Fuße dieses Berges in einer Höhlenregion von vielen Höhlenbildungen lebte Maria Magdalena mit mehreren frühen Christen versteckt vor den Römern und

heilte und versorgte Kranke. Hier zeichnete er dann im hohen Alter als Letztes, das sogenannte Johannesevangelium auf.
Die vorletzte Stufe in der christlichen Einweihung ist die sogenannte Grablegung. Johannes suchte hier in Ephesus auf einer Anhöhe gegenüber des Bülbüldag, des Nachtigallenberges, und über der ehemaligen Stätte des Artemisions mit dem Blick auf das Meer und in weiter Ferne auf Patmos seine Grabstätte selber aus und legte dort seinen physischen Leib ab.

Abschlußbemerkung

Es gibt auf unserer Erde sicher sehr viele „bedeutungsvolle“ Orte. Für die Zukunft der Menschheit aber ist die Insel Island im Nordmeer zwischen Europa und Amerika gelegen sicher einmal von Bedeutung. Es ist einer der wenigen Orte im heutigen Abendland, der keine Energieprobleme zur Versorgung seiner Einwohner kennt.

Sollte einmal ein weiser ausgereifter Mensch nach Island kommen, wer weiß, was er dort für Sprachschöpferkräfte finden und entwikkeln könnte. Island liegt da mit glühendem Wasser und glühender Erde von innen und mit durch Wind und Wetter abgespaltetem Eis von außen gestaltet. Über ihm spielt jedes Jahr etwas, alle sieben bis neun Jahre ganz gewaltig, das Nordlicht mit seiner Farbgestaltungskraft. Es hat ja von jeher phantasiebegabte, bilderreiche Dichtung hervorgebracht. Heute leben eine Reihe kraftvoller Plastiker und Maler dort.

Wieviel Zukunft liegt noch in unserem Planeten Erde mit seiner 10. Hierarchie der Mensch!

Danksagung

Meinen Dank spreche ich aus:

- dem Krankenhaus Herdecke mit seinen Patienten, Mitarbeitern und Kollegen der ganzen Kunsttherapie;
- meinen Söhnen Tobias, Daniel, Florian, Laurenz und Benedikt und
- dem Geistesgut der Anthroposophie, welches diese Erfahrungen beleuchtete.